어서 와,
생활지도는
처음이지?

어서 와, 생활지도는 처음이지?

초 판 1쇄 2023년 11월 29일
초 판 2쇄 2024년 05월 07일

지은이 하인철 김상범
펴낸이 류종렬

펴낸곳 미다스북스
본부장 임종익
편집장 이다경
책임진행 김가영, 윤가희, 이예나, 안채원, 김요섭, 임인영, 임윤정

등록 2001년 3월 21일 제2001-000040호
주소 서울시 마포구 양화로 133 서교타워 711호
전화 02) 322-7802~3
팩스 02) 6007-1845
블로그 http://blog.naver.com/midasbooks
전자주소 midasbooks@hanmail.net
페이스북 https://www.facebook.com/midasbooks425
인스타그램 https://www.instagram/midasbooks

ⓒ 하인철, 김상범, 미다스북스 2023, *Printed in Korea*.

ISBN 979-11-6910-403-6 03370

값 17,500원

미다스북스는 다음세대에게 필요한 지혜와 교양을 생각합니다.

곰쌤&범쌤의 생생한 학교 현장 생활지도 노하우

어서 와,
생활지도는
처음이지?

하인철

김상범

곰쌤(하인철)

나이: 적당히 먹었음

직업: 학교에 근무1

특기: 나쁜 학생 골라내기

취미: 더 나쁜 학생 골라내기

격언: 안티도 내 팬이다

약력: 학생안전부장

　　　생활지도부장

　　　학생 선도

　　　생활지도 등 겁나 많이 했음

범쌤(김상범)

나이: 몸이 고장 나기 시작함

직업: 학교에 근무2

특기: 나쁜 학생 응징하기

취미: 더 나쁜 학생 인간 만들기

격언: 각자에게 그의 몫을

약력: 위에 사람과 비슷함

　　　생활지도 많이 했음

　　　학생지도 많이 힘들었음

　　　덕분에 전문가 되었음

2023 OECD 가입국에서 사용하는 학교 단어

대한민국(학교)
미국 (SCHOOL)
프랑스(école)
스웨덴(skola)
체코(škola)
스페인(escuela)

．
．
．

코스타리카(Secundaria)
에스토니아(Nimisõna)
리투아니아(mokykla)
슬로베니아(šola)
라트비아(skola)
튀르키예(okul)

아내와 결혼할 때 뭔가 이벤트를 하고 싶어 뜬금없이 TV 퀴즈 프로그램에 출연한 적이 있었다. 누구 앞에 나서본 적이 없다가 그냥 결혼을 알리고 싶어 한 번 해봤다.

지금 두 번째 뜬금없는 뻘짓(?)을 하려 한다. 글을 써본 적도 없는데 '글을 쓰고 싶다'는 생각 하나로 시작해서 '왜 글을 쓴다고 했을까.'라는 후회를 계속하며 겨우 글을 마무리할 수 있었다.

처음에 가졌던 '선생님들께 조금이나마 도움이 되고 싶다'는 마음을 곱씹으며 쓰고 고치기를 반복했다. 완성한 글을 보며 부끄러움과 뿌듯함이 교차하고 모자람과 만족스러움 사이에서 미묘한 감정이 든다. 아무튼 이 책이 선생님들과 선생님이 될 분들, 그리고 자녀 지도에 관심이 있으신 학부모님들께 조금이나마 도움이 되었으면 하는 작은 바람이다.

변변치 못한 글을 다듬고 매만져 책을 만들 수 있게 해준 정지인님께 특별한 감사를 표한다. 그리고, 글을 쓴다는 핑계로 내 갖은 짜증을 받아주고, 글에 대해 많은 조언을 해준 아내에게 감사한 마음을 전한다.

– 하인철

"네 시작은 미약하였으나 그 끝은 창대하리라."

우리가 일상생활에서 많이 접할 수 있는 격언이다. 참고로 필자는 종교가 없다.

이 책을 집필할 때의 마음이었다.

책 집필을 마치고 난 후의 마음은 "내 시작은 창대했으나 그 끝은 미약하다."라는 생각이 끊이지 않는다.

좋은 의도로 누군가에게 도움이, 힘든 이에게 희망이, 외로운 이에게 손을 내미는 심정으로 집필하였다. 나의 권리가 타인에게 수치심과 피해를 주지 않는 세상을 꿈꾸면서….

이 장에서 부족하거나 미흡한 점은 모두 나의 몫이다.

이 책이 나오기까지 많은 이들의 격려와 성원이 있었다.

묵묵히 응원해 준 가족들에게 특별히 감사를 표한다.

더불어 시작부터 끝까지 함께해주고 수많은 감수와 날카로운 혜안을 보내준 허난영 님, 학생의 신분으로 날카로운 시선과 또래의 감정과 사고방식을 정확하게 전달해 준 이서연 학생에게도 감사를 전한다.

– 김상범

생활지도 업무란 무엇일까?

'선생님께서 올해 생활지도 업무를 맡아주시기 바랍니다.', '선생님의 업무 분장은 생활지도입니다.' 새 학기가 시작되기 전, 2월에 자주 듣게 되는 말이다. 그리고, 머릿속에는 '생활지도가 뭐야?'라는 생각이 든다. '어떻게 하지?', '누구에게 물어보지?'라는 고민이 곧 뒤따른다.

선배 교사들에게 물어보면 '작년 공문 확인해 보면 뭐 할지 알아.'라는 대답을 듣게 된다. 참 막막하다. 뭐부터 해야할지, 어떻게 해야 할지 아무도 가르쳐주지 않는다. 이 때문에 기존에 생활지도 업무를 하던 선배 교사가 어떻게 하는지 어깨너머로 배우면서 업무를 익혀나가는 '도제식 교육'을 받기 시작한다. 그리고, '학교폭력 사안처리 가이드북'이라는 책자를 받아 들고 학교폭력 처리 과정을 배우게 된다.

생활지도 업무는 업무처리 매뉴얼이 없다. 학교 업무 대부분은 매뉴얼이 있어 그것을 따라가기만 하면 업무의 방향성이 보이고, 그 과정에서 업무를 충분히 익힐 수 있게 된다. 그런데 생활지도 업무는 그렇지 않다.

생활지도 이론에 관한 서적은 꽤 있다. 그런데, 실제 학교 현장에서 업무를 수행하는 데 도움이 될 만한 매뉴얼이나 자료는 매우 부족한 게 현실이다. 학교 현장에서 생활지도가 필요한 사안은 늘 발생하고 있는데 이 사안들을 처리하는 방법에 대한 안내는 거의 전무한 상태이다.

동료 교사들에게 물어보고, 자료를 찾아보고, 생활지도 사안을 어떻게 처리할지 혼자 고민하는 모습이 지금까지의 생활지도 업무의 현실이다.

'업무 안내서가 없다면 한번 만들어 보자.'라는 생각으로 이 글을 쓰기 시작했다. 이 글이 생활지도 업무를 고민하는 교사들에게 조금이나마 도움이 되었으면 좋겠고, 함께 고민하며 더 좋은 지도 방법들이 제시되는 계기가 되기를 바란다.

생활지도의 현주소

필자는 초 · 중등 관리자(교감)분들을 대상으로 '학교폭력 예방 및 생활지도의 실제'를 주제로 강연할 기회를 얻게 되었다.

처음에는 훌륭하고 경험이 많은 분들을 상대로 '내가 이 시간을 가치 있게 만들기 위해서 어떤 내용으로 강의를 준비해야 할까?'라는 고민에 많은 걱정이 앞섰다.

일반 평교사가 관리자들을 대상으로 강연할 기회는 흔치 않기에 감사한 마음으로 많은 준비를 하였고, 큰 기대를 가지고 임하게 되었다.

예상 밖의 뜨거운 호응 덕분에 처음에 준비했던 강의와 더불어 관리자들을 상대로 학교 생활지도 전반에 관한 의식조사를 약식으로 진행할 수 있었다. 그 결과는 생각보다

훨씬 더 충격적이었다.

조사의 결과는 크게 세 가지로 귀결된다. 첫 번째는 학교폭력 및 생활지도에 관한 선제적 대응 전략이 전무하다는 것이다.

이를 다르게 표현하면 학교폭력, 교권 침해, 학교 규정 위반에 관한 생활지도의 모든 영역에서 사전 예방보다는, 사안 발생 후 민원을 최소화하며 잡음 없이 사안을 조기에 처리하는 방안에 주안점을 두고 있다는 것이다. 흔히 말하는 '소 잃고 외양간 고치는 일'이 실제로 학교에서 일어나고 있다.

두 번째는 학교폭력 및 생활지도 전반에 대한 법률적 지식 및 대응 방법에 대한 전반적인 지식의 부재이다.

바쁜 업무와 직위가 주는 중압감 등으로 생활지도와 관련된 연구가 쉽지 않다는 사실을 차치할 수 있다. 그럼에도 불구하고 생활지도에 대한 피상적인 사실을 나열하는 상황을 벗어나지 못하고 있는 것으로 판단된다.

이러한 상황이 지속되다 보니, 학교폭력은 교육청 산하

'학교폭력대책심의위원회'에, 생활지도는 '선도협의회(학교별 명칭은 상이함)'로 교권 침해 사안은 교무부 업무로 선을 그어버리는 근시안적이고 경직된 방법으로 처리되고 있다. 세밀하고 정밀한 절차적 지식의 부재로 인해 매뉴얼만 뒤적거리는 상황이 반복되고 있는 실정이다.

세 번째, 학교폭력과 생활지도에 관한 학교 구성원의 역할 분담에 대한 인식의 문제이다.

지식 전달과 생활지도가 교원의 가장 중요한 책무임을 모든 교원이 알고 있음에도 불구하고, 생활지도는 '특별한 교원들' 통칭 '학생부' 선생님들의 특화된 업무로 인식하고 이를 당연하게 여기는 것이 학교 현장의 현실이다.

이런 상황이 반복되다 보니 암암리에 이러한 현실들이 묵인된다. 관행으로 굳어져 관리자들도 손을 쓰기 힘든 상황이 대다수 학교에서 벌어지고 있다.

그리하여 매 학년이 종료되고 새로운 학년을 위한 준비기간에, 학교 구성원 전체의 비전과 업무에 대한 계획을 세워 재정비하는 것보다, 기피 부서의 부장과 계원을 구성하는 데 많은 시간과 노력을 들이게 된다. 이러한 노력에도 불구하고 기피 보직을 맡게 된 구성원들은 결국 불만을 품게 되고, 이는 곧 학교 운영에 혼란을 주게 되는 것이 현실이다.

머리말   006
프롤로그   008

1부   생활지도 업무 무엇을 준비할까?

1장 생활지도 교사 준비 자세 갖추기 – 워크에식(직업윤리)

구성원들과 신뢰는 얼마나 중요할까?   022

학생을 어떻게 마주치고 사랑할까?   028

2장 생활지도에 필요한 정보 모으기

학생에 관련된 정보를 어떻게 모으지?   034

학교 주변 환경 정보가 왜 중요하지?   036

법 지식과 각종 학교 생활 규정, 힘들지만 힘이 돼   038

3장 나를 업그레이드하기

메타인지(meta cognition) – '나무를 보자 그리고 숲도 보자'   043

캐릭터 – '지킬 앤 하이드 아니면 헐크'   045

디지털 리터러시(Digital Literacy) – '찾아라 길이 열린다'   047

수업 – '나는 교사다'   049

2부 생활지도 어떻게 할까? – 생활지도 업무 프로세스(Process)

1장 생활지도 기초 : 교문에서 가정까지

숨 쉬듯이 하자, 아침 등교 지도   055

휴식은 없다, 일과 중 생활지도   058

생활지도 사안 조사 방법   062

2장 영역별 업무

학교폭력 및 학생 안전 관련 업무   071

학생 선도협의회(학교별 명칭은 상이함) 관련 업무   083

3장 교권 침해 업무

빅 픽처(big picture)   094

이상과 현실 가운데에서   097

3부 학교 현장에서 생활지도 실제 – 방법과 사례

1장 학교폭력 처리 대전제

편견은 우리에게 사치다 105

모든 구성원은 우리에게 균형을 요구한다 107

학생은 제외하라. 그 행위만 보라 114

정보가 곧 진리요, 정의다 116

2장 학교폭력의 유형 및 대응

어떤 경우에도 예외를 두지 말자 – 물리적 폭력 124

말 한마디로 천 냥 빚을 갚을 수 있다 – 언어적 폭력 134

군자는 지켜보고, 소인은 폄하한다 – 사이버 폭력 139

'침묵의 암살자' 당신도 살인자인가? – 심리적 폭력 142

3장 위기관리와 아동학대

냉정하고 신속하고 집요하게! 152

지구는 둥글지 않다, 의심하자! 더 의심하자! 153

예외는 없다, 70억 모두에게! 154

4장 성폭력

학교의 장 및 교직원의 즉시 신고 의무 160

피해 학생의 비밀보호 준수 161

피해 학생의 보호 조치 162

가해 학생 조치 163

5장 학생 선도

두레, 품앗이 우리 몸속의 DNA – 협력　171

You Go, We Go – 소통　176

너는 나를 넘어설 수 없다 – 로드(Road)　183

6장 사례 및 민원 관리

민원인에게 이성과 상식을 기대하지 말자　189

오늘도 공부하자　192

뜨거운 가슴, 차가운 지성　197

에필로그　200

부록　208

법률 용어와 규정　220

1부

생활지도 업무 무엇을 준비할까?

Are you ready?

학생생활지도 - 학교의 장과 교원이 교육활동 과정에서 학생의 일상적
인 생활 전반에 관여하는 일체의 지도 행위를 말한다.

(교육부 고시 제2023-28호 교원의 학생생활지도에 관한 고시 제2조 4항)

1장

생활지도 교사
준비 자세 갖추기 -
워크 에식
(직업윤리)

워크 에식(Work ethic)? 사전적 의미로는 '도덕적 선으로서의 일에 대한 믿음(a belief in work as a moral good)'이라는 뜻으로, 일을 대하는 전반적인 태도라는 의미로 사용되는 용어다.(출처 : 네이버 백과사전)

워크 에식은 우리말로는 '직업윤리', '직업의식' 등으로 번역될 수 있지만, 도덕적인 영역에 국한되지 않고 일에 대한 가치관, 성실성, 생각, 노력 등을 포함하는 포괄적 개념으로 많이 사용된다.

덧붙이면 워크 에식(Work ethic)은 구체적으로 일을 대하는 긍정적인 태도, 기본을 지키는 것, 더 발전하려는 노력이라 할 수 있다.

생활지도 업무에 꼭 필요한 것이 바로 워크 에식(Work ethic)이다. 생활지도 업무의 특성상 업무에 대한 올바른 가치관과 긍정적인 태도, 업무를 배우려는 성실한 노력이 필요하기 때문이다.

구성원들과 신뢰는 얼마나 중요할까?

·

「믿게 하라, 그리고 믿지 마라」

신뢰는 생활지도 업무에서 가장 중요한 요소이며 원활한 업무 수행의 바탕이다. 필자는 생활지도 업무에 실패하는 거의 대부분 원인이 신뢰의 상실이라고 생각한다. 신뢰는 크게 세 가지로 구성된다. 학생과의 신뢰, 동료 교사와의 신뢰, 학교 관리자와의 신뢰다.

학생과의 신뢰

학생생활지도에 있어 학생을 이끌어 가야 하는 위치에 서는 게 생활지도 교사다. 학생은 가정에서 문제가 생기면 부모님을 찾는다. 이처럼 다른 학생으로부터 위협이나, 불안, 다른 학생의 잘못된 행동의 발견 등 학생들이 학교에서 힘들거나 위험한 상황을 맞이하게 되는 경우 선생님을 찾도록 해야 한다. 그러기 위해서는 학생들이 선생님에 대한 믿음을 갖도록 하는 것이 중요하다.

학생들은 안전한 학교생활을 바라는 것과 더불어 차별받는 것을 극도로 싫어하는 경향을 보인다. 학생들은 늘 교사에게 공정할 것을 요구한다.

특히 생활지도 교사에게는 더욱 공정한 태도를 요구한다. '저 학생에게는 저렇게 하고, 왜 나에게는 이렇게 하세요.'라는 말을 수시로 듣게 된다. 업무를 수행하는 과정에서 따라다니는 '사안 조사, 징계, 처벌'이라는 단어들은, 학생들의 '왜 차별해요.'라는 표현과 자주 붙어 있다.

학생들의 신뢰를 얻지 못하면 업무 수행 과정에서 학생들의 비협조적 태도와 각종 불만, 그리고 학부모의 민원으로 인해 그 업무는 실패로 끝날 수밖에 없다.

학생들의 신뢰를 얻는 방법은 '선생님은 공정하다.'라는 인식을 심어주는 것이다. 상·벌점을 부여하거나 규정 위반, 학교폭력 등의 사안이 발생하여 해당 학생을 사안 조사할 때 다른 학생과 차별하지 않고 똑같이 대우해 준다는 믿음을 학생들에게 심어주어야 한다.

이때 실제로 교사가 차별하지 않는 것이 중요한 게 아니라 학생들이 '차별받지 않고 있다.'라고 믿게 만드는 것이 중요하다. 교사가 공정하다는 것을 학생들이 납득할 수 있게 지도하여야 한다. 이 부분은 3부 학교 현장에서 생활지도 실제(방법과 사례)에서 더 자세히 다루도록 하겠다.

또 하나 중요한 것은 교사가 학생들을 무조건 믿어서는 안 된다는 것이다. 학생들은 의도하던 그렇지 않던 자신에게 불리한 부분을 생략하거나 자신에게 상황이 유리하게 돌아가도록 거짓말을 하는 경우가 종종 있다.

따라서 학생이 생활지도 교사를 신뢰하게 만들되, 생활지도 교사가 학생을 무조건 신뢰해서는 절대 안 된다. 안타깝지만 학교 현장에서 교사가 준 믿음이 화살로 돌아와 교사의 뒤통수에 꽂혔을 때 말로 표현할 수 없는 현타가 온다.

동료 교사와의 신뢰

학교에서 생활지도 사안은 늘 발생한다. 생활지도 교사가 직접 발견하거나 학생들이 직접적인 신고를 통해 사안 조사와 처리가 진행되지만, 대부분의 생활지도 사안은 동료 교사의 신고로 이루어진다. 생활지도 업무 진행 과정에서 동료 교사와의 협조는 필수적이다. 학생 환경 파악, 학부모 연락, 사안 조사 및 징계 과정에서의 협조 등 많은 일이 동료 교사와의 협업 속에서 이루어진다.

이때 동료 교사들은 통칭 '학생부', 또는 '생활지도부' 교사들이 알아서 해결해 줄 거라는 믿음을 가지고 있다. 일단 '학생부'에 알리면 된다고 생각한다. 그럴 때

"신고접수 → 사안조사 → 담임교사, 해당 교사에게
내용 전달 → 사후 조치"

이러한 일련의 업무처리 과정을 공유함으로써 동료 교사와 신뢰를 쌓을 수 있다.

이 신뢰가 바탕이 되어야 학생의 상황에 맞는 생활지도가 가능하다. 무조건적인 처벌이 능사가 아니다. 생활지도는 학생에게 자기 행동에 대한 책임을 지게 하는 처벌도 있지만, 궁극적으로 학생과의 상담을 통해 학생의 환경

에 부족한 부분을 파악하여 이를 지원하고 결국 학생이 학교생활을 잘할 수 있게 도와줌으로써 바른 학교생활로 복귀시켜야 한다. 하지만 주의할 점은 생활지도 과정 모두를 동료 교사와 공유하지는 않는다는 것이다. 뜻하지 않게 학생 지도 과정에서 학생 개인에 관련된 다양한 정보를 습득하는 경우가 많은데, 이렇게 습득한 다양한 정보는 상황에 맞게 동료 교사와 적절히 공유하여야 한다.

학교 관리자와의 신뢰

학교에서 생활지도 업무는

"학교 관리자에게 보고 → 학교 관리자의 지시 → 업무 실행"

이 단계를 거친다. 업무 담당 교사는 생활지도 사안을 정확하고 신속하게 파악해서 보고하여 관리자의 명확한 지시를 받아 업무를 수행할 수 있다.

이 과정에서 생활지도 업무 담당 교사는 조사 과정과 사후 처리 방안에 대한 본인의 생각을 밝힐 필요가 있다. 생활지도 업무는 몇 가지 정형화된 유형으로 발생하지만, 해당 학생의 특별한 사정이 투영된 경우가 다수이다.

이 경우 일반적인 유형과 학생의 특별한 사정을 정확히 보고하고 처리 방안에 대한 의견을 개진함으로써 관리자의 명확한 지시를 받을 수 있다.

학교 현장에서는 학부모 및 지역 사회의 민원이 자주 발생한다. 특히 생활지도 업무는 늘 민원에 노출되어 있으며 법적인 상황도 발생할 수 있음을 명심하자. 이 경우 관리자와의 신뢰가 절대적으로 필요하다. 관리자와 교사가 상호신뢰를 쌓아야 학부모보다 교사와의 관계를 더 우선시하고 외부 민원으로부터 교사를 보호해 줄 수 있다.

상호 간의 신뢰가 없다면 생활지도 교사는 '민원이 발생하면 어떻게 하지.'라는 불안감에 업무 수행의 방향성을 상실하기 쉽다. 관리자도 생활지도 교사가 사안을 정확하게 처리한다는 믿음이 있어야 학교 교사들의 안전과 다양한 상황에 대처할 수 있고, 외부 민원으로부터 교사를 보호하게 된다.

학생을 어떻게 마주치고 사랑할까?

「손님은 왕… 아니 학생이다」

학생이 있고 교사가 있지, 교사가 있고 학생이 있지 않다. 우리는 학생이 있어야 존재할 수 있다. 우리는 학생을 가르치는 사람이다. 구체적으로는 학생에게 지식과 더불어 바르게 성장할 수 있는 인성을 가르치는 직업이다. 그러므로 모든 교사는 자기 교과를 가르치고 바른 인성을 가질 수 있게 생활지도를 해야 한다.

학생에 대한 이해

아이들은 완전하지 않다. 그래서 당연히 실수할 수 있다. 교사는 그것을 받아들일 수 있어야 한다. 실수가 반복되지 않도록 지도하는 것이 우리의 일이라고 생각한다.

물론 고의로 잘못을 저지르는 학생도 있다. 그런 경우에는 엄격한 훈육으로 잘못을 깊이 반성하게 하는 것이 필요하다. 다수의 학생은 실수로 또는 호기심으로 여러 가지 문제를 만든다. 그럴 때 '아이들이 그럴 수 있지.'라는 생각을 가질 필요가 있다.

모든 일에는 이유가 있다

학생들이 잘못을 저질렀다면 그 이유가 뭔지 파악하는 것이 중요하다. 일단 생활지도 사안이 발생했을 때, 사안을 조사하고 나면 학생들에게 '왜 그랬어?'라는 물음이 필요하다. 최소한 변명이라도 들어봐야 한다. 학생들에게 무조건 '네가 무엇을 잘못한 거야.'라고 하기보다, '무엇 때문에 그런 거야?'라는 말을 건넬 필요가 있다.

질문의 타이밍도 중요하다. '왜 그랬어?'라는 질문을 할 때는 일단 학생의 이야기를 경청한 후가 좋다. 학생의 이야기를 듣기도 전에 '왜 그랬어?'라는 질문은 학생을 질책하는 것으로 받아들이기 쉽다.

일단 학생의 이야기를 들어본 후 '그런데 왜 그랬어?'라는 질문을 하면 학생들은 자신의 이야기를 들어주고, 자신을 이해해 준다고 받아들이는 경우가 자주 있다.

원인을 파악해야 올바른 지도 방법이 만들어질 수 있다. 학생 개인의 문제, 가정환경의 문제, 교우 관계의 문제, 구조적 문제 등 다양한 원인을 분석하여야 올바른 지도로 이어질 수 있다.

그런데 간혹 '그냥요.'라는 대답을 들을 때도 있다. 그럴 경우 여러 번 반복해서 물어볼 필요가 있고, 대답하지 않는 경우에는 상담 교사, 담임교사, 보건 교사, 아니면 학생과 래포(rapport)가 형성되어 있는 교사 등 다른 교사와의 대화의 장을 주선하여 원인을 탐구할 필요가 있다.

래포(rapport)? 두 사람 사이의 공감적인 인간관계 또는 그 친밀도를 의미하는 심리학 용어(출처 : 네이버 백과사전)

필자의 경우에 '그냥요.'라는 대답하는 학생은 특별한 사정이나 문제가 있는 경우가 많았다.

원인을 파악하는 과정에서 학생의 특별한 사정을 알게 되는 경우가 자주 있다. 그 부분을 지원해 줄 방법을 모색하고 해결책을 찾아 학생의 바른 성장을 이끌게 되면 종종 이 업무의 보람을 느낄 수 있을 것이다.

생활지도에
필요한
정보 모으기

생활지도 업무는 특수성이 있는 업무 분야다. 업무처리 과정에서 다양한 정보가 활용된다. 따라서 업무에 필요한 지식과 자료가 필요하다. 학생 정보, 학교 주변 환경 정보, 각종 법률 지식, 각종 학교 생활 규정 등이 업무에 많이 활용된다. 그러므로 생활지도 담당 교사는 생활지도에 필요한 정보를 먼저 수집하여야 한다.

학생에 관련된 정보를 어떻게 모으지?

「아는 게 힘이다」

먼저 생활지도의 대상인 학생들의 정보가 필요하다. 전체 학생을 정확하게 알 필요는 없지만, 전교생의 연락처, 주소, 보호자 연락처 등은 알아야 한다. 이 부분은 학생들의 개인정보 이용 동의 절차를 거쳐 학급 담임 교사의 도움을 받아 생활지도 부서에서 파일 형태로 비치하게 된다.

그리고, 학생들 사이의 관계 정보가 필요하다. 학교폭력 피·가해 학생, 학교 입학 후 징계를 받은 학생, 외부 기관의 조치를 받은 학생 등은 별도로 파악하여 정리해 둔다.

학교폭력 처분을 받은 피해 학생과 가해 학생 사이에는 대부분이 2호 처분인 '접촉, 협박 및 보복 행위 금지 명령'을 받게 된다. 학교 졸업할 때까지 유효한 경우가 대부분이어서 피해 학생과 가해 학생 사이에 2차 가해 등의 문제가 발생되는지를 주의 깊게 관찰하여야 하므로 명단을 숙지할 필요가 있다.

입학 후 징계를 받은 학생은 학생 대의원회 출마, 전교정·부회장 출마 등 학생을 대표하는 조직의 지위를 맡는 것이 학교생활 규정에 따라 제한된다. 또한, 기존 징계를 받은 학생이 다시 잘못을 저지른 경우 가중 처벌을 받는 규정이 있는 학교가 대다수이다. 학생에게 정확한 처분을 내리기 위해서는 해당 학생들의 명단을 파악해 두어야 한다.

외부 기관의 조치는 대부분 보호관찰 처분 이상을 받은 학생들이다. 소년법에 따라 처분이 이뤄진 학생들은 학교전담 경찰관, 보호관찰관 등과 처분 과정, 결과, 동향 파악 등에 대해 연락을 주고받는 경우가 많으므로 해당 학생의 신변과 동향 등을 파악해 둘 필요가 있다.

학교 주변 환경 정보가 왜 중요하지?

「등잔 밑이 어둡다」

학교 주변의 환경은 학생들의 생활에 매우 큰 영향을 준다. 생활 환경, 학생들이 많이 모이는 장소, 순찰의 사각지대 등 학생 생활에 직접적 영향을 끼치는 환경을 파악하여야 한다.

먼저 주거 및 생활환경, 지역의 구성, 생활 근린 시설을 파악하여야 한다. 학생들의 주거 및 생활환경이 열악한 경우, 가정에서 관리 및 돌봄이 잘 이루어지지 않을 수 있다.

이 경우, 학생들은 학교나 집 바깥으로 돌아다니며 각종 사고와 범죄에 노출될 확률이 증가한다. 지역의 구성이 공단이나 생산 시설들이 밀집한 경우, 또는 유흥 시설이 다수 있는 경우에는 학생들의 안전을 위해 학교전담경찰, 지역 학생 선도단, 방범 지구대 등과 소통 기회를 확대하고 순찰을 강화할 수 있도록 도움을 요청할 필요가 있다.

　그리고, 생활 근린 시설 근처의 사각지대, 외부에서 잘 보이지 않는 후미진 곳 등 우범 지대 등을 파악해 두면 도움이 된다. 학생들은 외부에서 잘 보이지 않는 곳에서 음주와 흡연, 기타 폭력 행위 등 범죄에 노출되는 경우가 잦다. 이런 경우 학교와 경찰, 지역 학생 선도단, 안전 봉사단 등과 협력하여 순찰을 강화하면 소기의 성과를 달성할 수 있다.

법 지식과 각종 학교 생활 규정, 힘들지만 힘이 돼

「알아야 산다」

학교 업무의 대부분은 정해진 매뉴얼을 따르면 된다. 그러나 생활지도 업무는 현실적인 매뉴얼이 부족하고 업무수행 과정에서 법률 적용과 관련된 경우가 매우 많다.

실제 사용되는 법률의 현황은 다음과 같다.

'학교 현장에서 사용되는 법률 내용'

- 학교폭력예방 및 대책에 관한 법률
- 소년법, 청소년 보호법
- 아동 · 청소년의 성보호에 관한 법률
- 아동복지법
- 형법
- 정보통신망 이용촉진 및 정보보호 등에 관한 법률

생활지도 과정에서 각종 학생 생활 규정을 적용하여야 한다. 그러다 보니 업무 내용이 법과 각종 규정의 영역과 연결되어 있는 게 현실이다. 생활지도 업무를 수행하기 위해서는 어느 정도의 법 지식은 필수적이다.

생활지도 업무에 가장 많이 사용되는 것은 학교폭력예방 및 대책에 관한 법률(이하 학폭법), 학생을 대상으로 발생하는 모든 폭력 행위를 규제하는 법률이다.

다행인 점은 교육부와 시·도 교육청이 '학교폭력 사안 처리 가이드북' 같은 안내 매뉴얼을 발간해서 일선 학교에 배포하고 있고, 교육청 홈페이지에 각종 자료를 탑재하고 있으며, 학폭법 변경 사항은 공문으로 안내가 이루어지고 있다.

그래서 학폭법 내용 및 매뉴얼을 잘 숙지한다면 현장 업무 처리는 비교적 큰 무리가 없이 수행할 수 있다. 실제 사례와 구체적인 적용 방법은 Ⅲ. 학교 현장에서 생활지도 실제(방법과 사례)에서 더 자세히 다루도록 하겠다.

그렇지만 이외의 다른 법률 내용은 생활지도 업무 교사

가 직접 찾아보고 알아야 한다.

아동·청소년의 성보호에 관한 법률에 관련된 내용은 성폭력 사안이 발생하였을 때 적용된다. 그리고 형법상 폭행, 상해, 모욕, 명예훼손, 점유 이탈물 횡령, 절도, 공갈, 협박, 도박, 사기 등의 범죄 행위도 간혹 발생한다. 정보통신망 이용촉진 및 정보보호 등에 관한 법률을 위반한 사이버 범죄도 학폭법과 관련되어 종종 적용할 일이 발생한다.

이런 법률 외에 생활지도에서 가장 많이 사용되는 것이 각급 학교 학생 생활 규정이다. 학교에서 학생들이 생활하며 지켜야 하는 각종 규정을 모은 것이다. 학생들이 지켜야 할 복장, 학생 포상, 징계 등의 규정 등이 담겨 있다.

그리고, 상·벌점제를 시행하는 경우 학생들의 행동에 따라 상점과 벌점을 부여한다. 이러한 각종 생활 규정을 적용하는 방법과 실제 사례 등은 Ⅲ. 학교 현장에서 생활지도 실제(방법과 사례)에서 자세히 다루도록 하겠다.

이러한 법률과 각종 규정에 대한 지식은 현실적으로 민

원과 법적 분쟁이 발생했을 때 교사 자신을 스스로 보호하는 데 필요하다. 안타깝게도 과거와 다르게 요즘 학교에서는 절차의 중요성이 강조되는 것이 현실이다.

예를 들어, 학교폭력 사안이 발생하여 학생들을 조사할 때 피해 학생과 가해로 의심되는 학생을 분리하지 않고 같은 공간에서 경위서를 작성하는 경우, 진술이 일치하지 않아 관련 학생의 동의를 구하지 않고 관련 학생 모두를 같은 자리에서 조사하여 피해 학생의 보호가 이루어지지 않는 경우 등 중요한 절차적 하자가 발생하면 오히려 교사의 책임을 묻게 된다.

학생을 대상으로 생활지도를 하는 과정에서 다수의 민원과 법적 대응이 수시로 발생한다. 이에 교사는 법과 제반 규정을 알고 그 규정에 맞게 지도하여야 자신을 스스로 보호할 수 있다.

3장

나를
업그레이드
하기

메타인지(meta cognition)
- '나무를 보자 그리고 숲도 보자'

메타인지(meta cognition)? 자기 자신의 인지 처리 과정을 이해하고 인식하는 것으로, 쉽게 말해서 '생각에 관한 생각'을 말한다. 출처 : 네이버 백과사전

학교에서 발생하는 생활지도 사안은 학생 개인, 또는 학생 여러 명이 어떤 일을 벌이거나, 학생들 사이에 어떤 일이 발생하는 경우다. 사안 발생 시 그 사안에 대해 누가, 언제, 어디서, 무엇을, 어떻게, 왜 했는지 파악하고 처리하게 된다. 이렇게 단선적으로 처리할 수 있다면 참 편하겠지만, 현실은 그렇지 않은 경우가 많다.

원인 파악도 중요하지만, 사안 처리 이후 영향 또는 파급력에도 관심을 가져야 한다. 관련 학생도 영향을 받지만, 다른 학생들에게도 영향이 파급된다는 것을 유념해야 한다. 사안을 처리할 때 규정을 따라야 하지만 간혹 규정에 얽매이다 보면 오히려 학생들에게 피해가 가는 경우도 종종 있

다.

　생활지도는 학생들의 바른 성장에 도움을 주려는 일이다. 학교 현장에서 업무를 수행하다 보면 케이스 바이 케이스(case by case)인 경우가 상당히 많다. 학생의 배경지식, 교우 관계, 사안이 알려진 정도, 사안의 발생 시기 등 고려해야 할 것이 매우 복합적이다. 규정의 정확한 적용도 중요하지만 가끔은 규정의 유연한 적용이 필요한 경우도 있다.

캐릭터-'지킬 앤 하이드 아니면 헐크'

　교사는 교실에서 학생들과 수업하고 교무실에서는 업무를 수행한다. 교실과 교무실에서 교사는 늘 비슷한 모습으로 학생들을 대하게 된다. 생활지도를 담당하는 교사도 교실에서는 다른 교사들처럼 학생들과 즐겁게 수업을 진행한다.

　그러나, 생활지도 업무를 수행하는 과정에서는 따뜻한 시선으로 학생의 마음에 공감하며 학생들의 주장만 신뢰하는 게 불가능하다. 냉정한 자세를 견지하고 학생들의 진술 속에서 철저하게 사실관계를 파악하여야 한다.

　그 과정에서 학생들은 교실에서 수업하는 교사의 모습과 교무실에서 업무를 수행하는 교사의 모습에서 괴리감을 느끼게 된다.

　수업할 때와 생활지도 업무를 할 때는 다르다는 것을 학생들에게 인식시킬 필요가 있다. 교실에서는 따뜻하지만, 생활지도 업무 수행 시는 엄격하고 근엄하고 진지하다는 것을 학생들이 인식해야 진술을 좀 더 정확히 한다. 캐릭터를 두 가지 이상 설정하면 학생들의 혼란을 방지하고 정확한 사안 처리에 도움이 된다.

디지털 리터러시(Digital Literacy)
– '찾아라 길이 열린다'

디지털 리터러시(Digital Literacy)? 디지털 시대에 필수적으로 요구되는 정보 이해 및 표현 능력. 디지털 기기를 활용하여 원하는 작업을 실행하고 필요한 정보를 얻을 수 있는 지식과 능력(출처 : 네이버 백과사전)

생활지도 업무를 수행하는 데 필요한 각종 정보-학생, 환경, 각종 규정 등을 모두 기억하지 못한다. 업무에 필요한 다양한 정보를 검색하고 조합하여 생활지도 사안에 맞는 정보를 만들어 낼 수 있다.

예를 들어 학교전담경찰과 공문을 통해 '우범 소년 송치' 통보가 왔을 때, 학교가 해야 할 일과 어떻게 사안이 진행되는지를 찾아보아야 한다. 이 경우 학교에서는 경찰이 요구하는 학생생활기록부와 징계 기록, 출결 사항 등의 공문으로 보내주게 된다.

이후 예상되는 상황은 검색을 통해 찾아볼 수 있다. '우범 소년 송치'가 이루어진 후에는 검찰을 거치지 않고 소년부로 즉시 송치가 이루어지고, 대체로 한 달 후쯤 소년 보호 재판이 열리게 된다. 이후 소년법에 따라 1호부터 10호까지의 처분을 받게 된다.

이러한 내용들을 찾아서 확인함으로써 앞으로 일어날 일에 대처할 수 있다.

또한 디지털 리터러시에서 중요한 것은 디지털 커뮤니케이션이다. 평소 학생들과 SNS를 통해 적절한 소통을 함으로써 학생들의 학교 밖 모습을 파악할 수 있고, 사이버 폭력 또는 생활지도 사안을 미리 알 수도 있어 학생을 지도하는 데 상당히 효과적이다.

수업 - '나는 교사다'

'저 선생님은 수업도 잘 못하면서 벌점만 주고.', '저 선생님은 수업도 짜증 나는데 맨날 불러서 뭐라 그래.'

지나가면서 간혹 듣는 학생들의 이야기다.

교사가 수업을 열심히 잘 듣고 규칙을 잘 지키는 학생을 좋아하는 것처럼 학생들은 수업을 열심히, 재미있게, 즐겁게 하는 교사를 따르는 편이다. 학생들은 안다. 이 선생님이 수업을 열심히 준비했는지, 아닌지. 그리고 여기서부터 교사에 대한 존중과 존경, 예의가 시작된다. 학생들은 수업을 열심히 하는 교사가 생활지도를 할 때 교사의 말에 좀 더 귀 기울이는 모습을 보인다.

교사가 학생들과 즐거운 수업을 위해 더 열심히 잘하려고 노력하는 것은 당연하다.

맡은 일은 생활지도지만 먼저 우리는 교사다.

2부

생활지도 어떻게 할까?
- 생활지도 업무 프로세스
(Process)

학생생활지도 - 학교의 장과 교원이 교육활동 과정에서 학생의 일상적
인 생활 전반에 관여하는 일체의 지도 행위를 말한다.

(교육부 고시 제2023-28호 교원의 학생생활지도에 관한 고시 제2조 4항)

1장

생활지도
기초 :
교문에서
가정까지

선생님들이 출근부터 퇴근 시까지 가장 강도 높고 현실적으로 다가오는 업무가 생활지도일 것이다.

그럼, '생활지도란 누가, 무엇을, 어떻게 해야 하는 것인가?'라는 질문에 가장 정확한 답은 "통일성"이라고 정의하고 싶다. 모든 교원이 동일한 기준의 잣대를 적용하여 통일성 있는 지도가 반복될 때, 학생들에게는 준법정신과 경각심을, 교원에게는 자율적 책임이 동반되어 건강한 학교 문화가 정착될 수 있을 것이다.

하지만, 현실은 몇몇 교사의 열성적인 지도와 대다수 교사의 무관심과 방관으로 인해 학생들에게 몇몇 교사만 피하면 된다는 잘못된 정보와 의식을 심어주게 된다. 이런 상황이 지속되면 특정 교사는 민원의 정중앙에, 다수 교사는 무기력에 빠지게 되는 악순환이 계속 이어지게 되는 것을 다년간의 경험으로 확인되었다.

생활지도는 주변 학생들을 괴롭게 만들지만, 본질적인 피해자는 교원이 될 수밖에 없다. 추락하는 학교 이미지, 학생들의 나쁜 행동의 학습효과, 불손함과 건방진 태도 등 경계선에 있는 행동은 교원의 자존감과 행복한 학교생활의 큰 걸림돌인 것을 부정하기 어렵다.

일례로, 교원들의 "○-○반은 정말 싫어요."라는 대화들은 이미 교원들이 내재하고 있는 소수의 학생을 제대로 관리하는 통제력을 상실했음을 의미하고 있다.

이에 대한(정답이라고 단언하기는 어렵지만) 오랜 시간 숙고 끝에 내린 나름의 해결책은 연계성과 협동이다. 교문, 교실, 학교 내 활동, 방과 후, 하교, 가정으로 이어지는 매 순간 적합한 상호처치 방식이 존재한다.

구체적으로 아침 교문 지도 시 학생들의 교우 관계가 자연스럽게 확인되며, 이상 시(평소 친구와 등교하던 학생이 혼자서 등교하는 행위가 반복될 시) 담임에게 연락하여 상담을 통한 사전 조치와 학교폭력으로 이어지는 행위를 예방할 수 있다.

숨 쉬듯이 하자, 아침 등교 지도

학생들의 등교 시간에 맞추어 학생들의 용의 복장, 등교 안전 등을 지도하고 학생들의 특이 사항을 확인하고, 학생 관찰 등을 한다.

등교 지도는 학생들에게 '규칙을 지킨다.'라는 생각을 가지게 하는 가장 기본적이고 중요한 지도다.

용의 복장은 학교 규칙, 상벌점제에 기준을 두고 확인한다. 교복이나 생활복 착용 상태, 두발 상태, 화장, 액세서리 착용, 실내화 착용 등을 점검하게 된다. 학교마다 학칙과 상벌점제 규정이 다양하므로 규정에 맞게 지도하면 된다.

지도할 때 학생들이 공정하다고 느낄 수 있도록 모든 학생에게 똑같이 규정을 적용하는 것이 중요하다. 간혹 신체적 문제나 피치 못할 사정으로 규정을 위반한 경우에는 해당 학생의 이야기를 듣고 규정을 적용할지, 예외로 인정할지를 판단하면 된다.

그리고, 학생들의 등교 시 차량 등으로부터 안전을 확보하고, 자전거를 타고 등교하는 학생은 안전 장구 착용을 지도한다. 아침 등교 지도에서 중요한 것은 학생 관찰이다.

누구랑 같이 등교하는지, 옷이나 신발이 너무 비위생적이지 않은지, 계절에 맞지 않은 겉옷을 입고 있는지, 신체에 상처가 있거나 다쳐서 깁스하고 등교하거나, 침울한 표정이 며칠째 계속되는지, 어딘지 모르게 평소 모습과 다른 모습이 계속 보이는지 등 다양한 관찰을 지속해서 한다. 매일 교문에서 학생들을 지도하다 보면 어느 순간 '어 이상하다.'라는 느낌이 들게 된다.

그 후 조금 더 눈여겨보면 특이 사항을 발견하여 해당 학생의 담임교사와 상담 등의 사전 조치를 통해 학생의 문제를 해결하는 경우도 다수 있다.

아침 등교 지도는 매일 같은 시간과 같은 장소에서 지

도함으로써 선도 및 학폭 관련 사안을 미리 예방할 수 있고, 일관성 있는 규정 적용을 통해 학생들의 신뢰를 얻을 수 있다.

그리고, 매일 인사를 하며 단순 노출 효과(자이언스 효과)를 통해 학생들과의 래포(rapport) 형성에도 도움이 된다.

자이언스 효과? 자주 노출된 자극에 대해 긍정적인 태도를 갖게 되는 현상.(출처 : 네이버 백과사전)

그리고, 교사 자신도 용의가 단정할 필요가 있다. 학생들의 용의 복장을 지도하기 위해서는 교사가 먼저 용의 복장을 잘 갖추어야 한다.

휴식은 없다, 일과 중 생활지도

학생의 안전과 교내 질서 유지를 위한 지도를 한다.

학칙과 상벌점제를 세심하게 마련할 필요가 있다. 수업 시간, 쉬는 시간, 점심시간에 여러 선생님이 다수의 학생을 지도한다. 학칙과 상벌점제를 교사들이 자의적으로 해석하여 학생들에게 적용하게 되면 학생들이 혼란스러워하고 학생과 교사들 사이에 마찰이 생길 확률이 높아진다. 규정을 명확히 하여 자의적으로 해석하는 경우를 줄여야 한다.

학생들과 같이 생활지도를 하는 방법도 상당히 효과적이다.

선도 도우미, 학생 자치순찰 도우미 학생을 선발하여 같이 교내 질서 유지 활동을 하는 것도 효과적이다. 아침 등교 시간에 교문에서 등교 지도를 하는 동안, 이미 등교를 한 학생에 대한 생활지도는 공백이 생긴다. 이때 선도 도우미 학생을 선발하여 교사와 같이 교내 순찰을 시행하면 생활지도 공백을 메워 학폭 및 안전사고 예방에 많은 도움이 된다.

또한 학생 대의원회 학생을 학생 자치순찰 도우미로 편성하여 쉬는 시간과 점심시간 교내 질서 유지 활동을 시행하면 상당한 효과를 볼 수 있다. 교사들이 미처 확인하지 못하는 생활지도 사각지대까지 살펴볼 수 있고, 생활지도의 공백을 충분히 메울 수 있다.

학생대의원회에서 학생들의 의견을 반영한 생활지도 계획과 상벌점제 및 학생 생활 규정 등을 협의한다. 협의 내용은 학생 대의원을 통해 학생들에게 전달될 수 있도록 한다. 학생 대의원들이 학교의 주요 업무에 참여했다는 주인의식과 자긍심을 고취하여 학생들의 모범이 되도록 한다.

교육부에서 발표한 교원의 학생생활지도에 관한 고시에 따른 생활지도 방법을 바탕으로 올바른 생활지도 방법에 대해 고민해 보길 바란다.

지도의 방법	실시 방식
조언	▲(요건) 학생의 문제를 인식하거나 학생 또는 보호자가 도움을 요청하는 경우 ▲(방식) - 사생활에 관한 조언 비공개 원칙 - 보호자에 대한 전문가의 검사 · 상담 · 치료 권고 가능
상담	▲(요건) 학생의 문제 해결을 위한 원인 분석, 대안 모색 등이 필요한 경우 ▲(방식) - 수업시간 외의 시간 활용 원칙 - 사전에 일시, 방법 등을 상호 협의하여 실시하는 상담예약제 - 교원 보호자 모두에게 상담 요청권 부여 - 교원의 사전에 협의되지 않았거나, 근무시간 · 직무범위 외 상담 거부권 - 폭언 · 협박 · 폭행 시 교원의 상담 중단권 부여
주의	▲(요건) 학교 안전 및 교내 질서 유지를 저해할 소지가 있는 경우 ▲(방식) - 수업 중 휴대전화 사용 등 수업에 부적합한 물품 사용 시 주의 - 주의를 무시하여 발생한 피해에 대하여 학교장과 교원의 책임 면제

훈육	▲(요건) 조언 또는 주의로 학생에 대한 행동중재가 어려운 경우 ▲(방식) – 바람직한 행동변화를 위한 특정 과업을 부여하는 지시 – 법령·학칙에서 금지된 특정 행동을 중지시키는 제지 – 자신·타인의 생명·신체에 위해 및 재산에 중대한 손해를 끼칠 우려가 있는 경우의 물리적 제지 – 자신·타인의 생명·신체에 위해 및 재산에 중대한 손해를 끼칠 우려가 있는 물품을 소지하고 있다고 의심되는 경우의 물품 조사 – 수업 방해 학생에 대한 분리(교실 내, 교실 밖 등) – 수업 중 휴대전화 사용 등 수업에 부적합한 물품 사용에 대한 주의에 불응하는 경우 등의 물품 분리 보관
훈계	▲(요건) 조언, 상담, 주의, 훈육 등에도 불구하고 학생이 자신의 잘못을 깨닫지 못하는 경우 ▲(방식) – 훈계의 사유와 바람직한 행동 개선방안 제시 – 성찰을 위한 반성문 작성 등 훈계 사유에 합당한 과제 부여
보상	▲(요건) 학생에게 동기부여가 필요한 경우 ▲(방식) – 칭찬, 상 등 적절한 수단 활용

(출처: 교육부고시 제2023-28호 교원의 학생생활지도에 관한 고시)

생활지도 사안 조사 방법

생활지도를 통해 모든 사안을 예방하면 좋겠지만 이런 노력에도 불구하고 사안은 발생한다. 따라서 사안을 처리하는 방법에 관해 이야기해 보고자 한다.

사안 조사할 때 최대한 객관적 시선을 유지하는 것이 가장 중요하다. '학생이 착하다, 나쁘다.'라는 감정을 극도로 배제하고 이성적 판단에 집중하여야 한다. 조사받는 학생의 감정에 공감하기보다는 사실만을 파악하기 위해 노력해야 한다.

생활지도 교사가 어느 쪽도 편들지 않고 공정하게 처리한다는 생각을 갖게 만들어야 학생들의 불만을 줄일 수 있다.

필자는 사안 조사 전 학생에게 '난 네가 어떤 학생인지 알려고 하지 않는다. 난 사실이 무엇인지 알기 위해 노력할 뿐이다.'라는 이야기를 하고 조사를 시작한다.

사안 처리가 완료된 후에는 학생의 마음에 공감과 위로
를 표현한다.

자료 조사

경위서 작성 전 증거 수집 및 목격자 조사를 먼저 진행한다. 관련 학생 조사에 앞서 객관적 시각에서 사안을 먼저 파악해야 사실관계를 정확히 파악할 수 있다. 관련 학생의 페이스북 메신저(Facebook Messenger, 이후 '페메'라 표현), 인스타그램 DM(이후 '디엠'이라 표현), 카카오톡 등을 학생의 동의를 얻어 확인한다. 목격자나 사안을 신고한 학생은 쉽게 동의하는 편이지만, 당사자는 쉽지 않다. 그럴 때는 당사자 학생의 사안 조사 중 경위서 작성 후에 '네가 사실을 이야기하고 있다면 페메나 디엠을 보여줄 수 있을까?', '내가 네 말을 믿을 수 있게 증명해 줄래?' 등의 대화를 통해 동의를 얻는 방법이 있다. 인스타그램 스토리, 인스타 라이브 방송 녹화, 화면 캡처 등의 자료도 같은 방법으로 확인한다. 사안이 교내에서 발생하였다면 교내에 설치된 CCTV도 확인한다. CCTV를 확인할 때는 개인정보 보호법에 따라 열람 대장을 먼저 작성하여 관리자의 허가를 받은 뒤에 열람이 가능하다.

사안 조사를 할 때 관련 학생과 목격자 조사 순서는 사안별로 다를 수 있지만, 필자는 목격자 조사를 먼저 진행하는 편이다. 객관적 시각에서 접근하여 사안에 대한 정보를 얻어 전체적인 얼개를 파악한 후 당사자를 조사하여 구체적 내용을 완성하는 것을 선호한다.

경위서 작성

학생의 진술은 경위서를 먼저 작성한 후 구두 진술을 듣는 게 좋다. 사안 조사 과정에서 학생들은 고의, 또는 무의식적으로 거짓말을 하는 경우가 많다. 구두 진술이 앞뒤가 안 맞을 때 '그런 말 안 했는데요.', '그런 적 없는데요.'라는 말을 자주 듣는다. 관련 학생이 여러 명일 때, 다른 학생의 이야기를 듣고 거기에 맞춰 진술하는 경우가 종종 발생한다. 그래서 경위서를 먼저 작성한 후 진술을 듣게 되면 경위서 내용을 보며 진술의 신빙성을 찾을 수 있다. 간혹 경위서 작성이 힘든 학생이 있다. 그럴 때는 학생의 동의를 얻어서 진술을 녹음하거나, 담임교사나 특수학급 교사의 참관하에 조사를 진행한다.

당사자나 목격자 조사를 할 때는 되도록 점심시간이나 방과 후 시간을 이용한다. 긴급한 경우나 부득이하게 수업 시간을 이용하는 경우에는 해당 학생에게 학습권이 있음을 공지하고 학생이 사안 조사에 동의하면 진행한다.

사실관계 파악

관련 학생 경위서를 종합해 보면 사안을 대략 파악할 수 있다. 그렇지만 대부분 실제로 관계에서 서로의 주장이 엇갈린다. 누군가는 거짓말을 하고 있다.

이 경우 관련 학생들을 모아 무릎맞춤(삼자대면)을 한다. 학교폭력 사안의 경우 피해, 가해 상황이 있으므로 관련 학생의 동의를 구하고, 만약 거부하면 공간을 분리하여 반복 조사하여야 한다. 관련 학생의 주장을 하나하나 따져 가며 누구의 주장이 맞는지 확인한다. 주장이 다를 때 목격자가 있다면 참여시켜 사실 여부를 확인한다.

[자료 조사 – 목격자 조사 – 관련 학생 조사 – 사실관계

파악 - 목격자 참여] 등의 일련의 과정이 한 번에 이루어지기도 하고 반복되기도 한다. 꼼꼼히 따져가며 확인하고 지난한 일이지만 끈기를 가지고 집중해야 한다.

보고 및 학부모 통보

사실관계 파악이 끝나면 관리자와 학부모에게 사안의 내용과 앞으로의 처리 과정을 알려주게 된다. 먼저 관리자에게는 사안의 내용을 보고하고 사안 처리에 대한 지시를 받게 된다. 학폭 사안은 '학교폭력 사안처리 가이드북'을 참고하여 사안을 처리하면 된다. 그 외 생활지도 사안은 선도협의회(학교별로 명칭은 상이함)를 개최하거나 경미하다고 판단되는 경우 해당 학년에서 생활지도를 하게 된다. 이때 교장, 교감 선생님과 협의를 통해 지시받아 진행한다.

관련 학생의 학부모에게도 사안 조사 내용과 앞으로의 처리 과정에 대해 안내해야 한다. 조사의 이유, 내용, 처리 과정을 알려준다. 학교폭력 사안의 경우, 관련 내용을 전달하는 과정에서 교사의 의견이나 판단, 결정 내용의 예측을 전달하면 절대 안 된다. 학교폭력 전담기구와 교육청의 학교폭력 대책위원회에서 판단과 결정이 이루어지므로 교사는 판단과 결정의 권한이 없다. 섣부르게 교사 본인의 생각을 이야기하였다가 학부모의 민원이 발생하면 상당히 곤란해진다. 그 외 생활지도 사안도 역시 교사의 의견이나 판단을 제외하고 안내한다.

사안의 전달은 학교폭력 사안의 경우 학교폭력 책임교사가 전달하게 되고, 생활지도 사안은 생활지도 교사 또는 관련 학생의 담임교사가 전달하면 된다.

사안 처리

학교폭력 사안은 '학교폭력 사안처리 가이드북'에 따라

"사안 접수 → 학교폭력 전담기구 개최 → 학교장 해결제 또는 교육청 학교폭력 대책위원회 개최 요구 → 학교폭력 대책위원회 개최 → 조치 및 결정 사항 통보 → 조치 및 결정 사항 이행 "

이 과정을 거쳐 처리한다. 생활지도 사안은 경미한 경우, 벌점 부과 또는 해당 학년 생활지도를 한다. 학교 규칙 또는 학생 생활 규정에 위반 사항이 명시된 경우는 '학생 선도협의회'(학교별로 명칭은 상이함)을 개최한다.

선도협의회는

"개최 학교장 결재 → 학부모 통보(유선 또는 우편 통지) → 선도협의회 개최 → 결정 사항 학교장 결재 → 해당 학생 및 학부모에게 결정 사항 통보 → 결정 사항 이행 "

이 과정을 거친다. 그리고, 학생 선도협의회에 관련된 학교 규칙 또는 학생 생활 규정에 개최 요건, 징계 대상, 징계 내용 등을 명확히 규정해야 한다. 교육 관련 법령이나 교육부 고시 등을 보면 학칙에 위임하는 경우가 상당히 많다. 학칙을 명확히 해야 학부모 민원과 행정쟁송에서 교사를 보호할 수 있다. 학생 선도협의회 구성 및 구체적 업무는 각 시도 교육청의 가이드를 참고하면 된다.

2장

영역별
업무

학교폭력 및 학생 안전 관련 업무

학교폭력 : 이제 그만!

"학교폭력" 학교 내외에서 학생을 대상으로 발생한 상해, 폭행, 감금, 협박, 약취 · 유인, 명예훼손 · 모욕, 공갈, 강요 · 강제적인 심부름 및 성폭력, 따돌림, 사이버 따돌림, 정보통신망을 이용한 음란 · 폭력 정보 등에 의하여 신체 · 정신 또는 재산상의 피해를 수반하는 행위를 의미함.(학교폭력 예방 및 대책에 관한 법률, 제2조 제1호)

너무나 익숙하고 많이 들어서 이제는 친근하기까지 한 학교폭력의 법률적 정의다. 이와 더불어 '학교폭력은 폭행, 명예훼손 · 모욕 등에 한정되지 않고 이와 유사한 행위로서 학생의 신체 · 정신 또는 재산상의 피해를 수반하는 모든 행위를 포함'까지 추가 서술하여 혹시나 있을 예외까지 포함하는 성실함도 나타내고 있다.

하지만, '도대체 학교에서 어떻게, 누가, 어디까지.'라는 질문에 명쾌한 답을 내릴 수 없는 답답한 현실에 많은 학교폭력 책임교사가 공감할 것이라 믿어 의심치 않는다. '피해 학생에게 위안'을 '가해 학생에게 정의'를 외치며 업무에 임하지만, 현실은 공정성에 대한 시비와 절차상의 하자를 문제 삼아 민원의 블랙홀로 빠지게 된다.

물론 관련 당사자 및 친권자의 행동을 이해할 수 없는 것은 아니다. 학생생활기록부의 기재와 상급학교에서의 불이익, 훗날 성인이 된 이후의 사회적 민감도 등으로 인한 격한 반응은 이해할 수도 있다.

학교폭력의 가장 큰 문제점은 가해 학생의 인성과 잔인함, 준법정신의 부재, 공동체에 대한 무책임인데, 어느 순간부터 결과에 대한 불복, 절차상의 하자, 맞대응과 고소 등 과정이 아닌 결과에만 집중하는 실정이 그저 답답하기만 하다.

학교폭력 관련 업무는 '학교폭력 사안처리 가이드북'을 참고하여 처리한다. 사안의 인지, 접수, 조사, 처리의 과정 모두 '학교폭력 사안처리 가이드북'에 자세히 안내되어 있다. 이외에도 학교폭력 예방 교육, 학교폭력 실태조사, 학교폭력 전담기구 등 여러 업무는 관련 법률, 시행령, 지침 등을 통해 정확히 안내되므로 그에 따라 처리가 가능하다.

신체 폭력

최근 들어 학교에서 발생하는 신체 폭력의 빈도는 비교적 감소 추세에 있다. 흔히 폭력이라고 할 때 가장 먼저 떠오르는 학교폭력의 분야이다. 대체로 사안의 구조는 단순한 편이고, 피해와 가해가 비교적 명확하며, 일방적인지 쌍방 폭력 행위인지 조사만 잘 진행하면 처리도 쉬운 편에 속한다.

신체 폭력은 다른 폭력과 같이 발생하는 경우가 많다. 언어폭력은 기본이고, 그 이면에 정서적 폭력, 따돌림, 사이버 폭력 등이 관련된 경우가 많다. 사안을 조사할 때 이면을 파악하는 시야가 중요하다. '왜 때렸어?'의 질문이 필요한데, 관련 학생에게 물어보는 타이밍이 중요하다. 처음부터 '왜 때렸어?'라고 질문을 하면 학생들은 질책으로 받아들인다.

일단 진행 과정을 파악한다. '누가 먼저 때렸어?', '어디를 어떻게 때렸어?' 등의 질문을 통해 과정을 어느 정도 파악이 되면 그때 '그러면, 왜 때렸어?'라는 질문을 한다. 그러면 학생은 질책이 아니라 변명의 기회로 인식하는 경우가 많다.

'장난치다 그랬어요.'

'ㅇㅇ이 평소에 욕을 하고 괴롭혔어요.'

'저네들이 저를 따돌려서 그랬어요.'

'ㅇㅇ이 페메나 디엠으로 저를 저격했어요.' 등등 여러 변명을 한다.

그 말들이 모두 사실일 수도 있고, 아닐 수도 있다. 그 말들의 실제로 관계를 잘 조사하면 사안의 본질을 잘 파악할 수 있다.

언어폭력

단독으로 발생하기도 하고 신체 폭력을 동반하기도 한다. 단순한 욕설만 하는 경우는 단순 언어폭력으로 처리되지만, 말로써 위협을 가하는 경우는 협박, 다른 사람이 들을 수 있게 하는 경우는 모욕, 뒷담화를 통한 언어폭력은 명예훼손이 성립할 수 있다.

사안 조사 과정에서 증거와 목격자가 중요하다. 증거가 없는 경우가 많아 최대한 많은 목격자 조사가 필요하다. 관련 학생이 작성한 경위서를 꼼꼼히 보며 진술의 신빙성을 잘 파악해야 한다.

따돌림

"따돌림" '따돌림'이란 학교 내외에서 2명 이상의 학생들이 특정인이나 특정 집단의 학생들을 대상으로 지속적이거나 반복적으로 신체적 또는 심리적 공격을 가하여 상대방이 고통을 느끼도록 하는 일체의 행위를 말한다.(학교폭력예방 및 대책에 관한 법률. 제2조 1항의 2)

따돌림은 현실과 사이버상에서 모두 발생하고 또 자주 발생한다. 페메나 디엠, 카톡을 이용한 사이버 따돌림은 화면 캡처, 스크린샷 등의 증거가 많아 증거를 바탕으로 사안을 조사, 처리가 가능하고 관련 학생들도 비교적 쉽게 인정한다.

그러나, 현실에서 발생하는 따돌림은 쉽지 않다. 그중에서 은근한 따돌림(이하 '은따')은 교사들 사이에서 '난이도 최상', '대환장 파티'로 받아들인다. '왕따'는 눈에 보이는 폭력을 동반하는 경우가 많아서 증거를 찾고 목격자 조사를 하면 사안 처리가 가능하다. 그런데 은따는 심증은 있으나 물증이 없는 경우가 대부분이다.

은근한 따돌림 사안 신고가 들어오면 피해 학생을 조사하여 피해 상황을 파악한다. 그 후 가해로 지목되는 학생들을 조사한다. 그러면 대부분 증거 부족으로 사안을 밝혀내지 못하고, 간혹 허위신고로 피해 학생이 오히려 학교폭력 가해자가 될 수도 있다.

은따 신고가 접수되면 피해 학생 조사 후 목격자, 제삼자 조사를 진행한다. 피해 학생에게 시간이 오래 걸릴 수도 있다고 미리 알려주고 서두르지 않는다. 여학생 사이에서 발생하는 경우가 대부분이기 때문에 먼저 사안과 관련 없는 남학생들이 목격한 것이 있는지 파악해 본다. 그리고 피해 학생 및 가해로 지목된 학생들과 친하지 않은 학생들을 조용히 불러 혹시 목격하거나 아는 사실이 있는지 조사한다.

그러다 보면 목격한 사실이나 SNS 증거를 확보하게 된다. 그 뒤 가해로 지목된 학생들을 같은 시간에 불러 다른 장소에서 경위서를 작성하게 한 후, 목격자 진술, SNS 증거, 작성한 경위서를 종합하여 가해 학생들의 진술 빈틈을 찾아 계속 파고들어 은따 가해 사실을 밝혀낸다.

이 과정에서 교사는 신고했다고 하여 무조건 피해 학생이라 단정하면 절대 안 된다. 간혹 혼자만의 생각이거나, 단지 친구가 미워서 신고하는 경우도 있다. 피해 신고 학생의 말에 성급하게 공감하지 말고 객관적 사실을 파악하겠다는 자세로 접근해야 한다.

사이버 폭력

페메, 디엠, 인스타그램 스토리, 에스크 앱 등의 정보통신망을 이용하여 폭력을 행사하는 경우가 자주 발생한다.

일반적으로 페메, 디엠, 인스타그램 스토리를 이용하여 폭력을 행사하는 경우는 누가 했는지를 파악하는 게 쉬워 화면 캡처를 잘해놓으면 학교폭력 처리가 쉬운 편이다.

그러나, 에스크 앱을 이용하는 경우는 상당히 어렵다. 에스크 앱은 익명이기 때문에 누가 했는지를 밝히는 것이 불가능에 가깝다. 성폭력에 관련이 있는 경우는 경찰에 의뢰하여 처리하기도 하지만, 그 외에는 밝혀내기가 어렵다. 학생들에게 사용을 자제할 것을 권고하는 편이 낫다.

기타

협박, 약취·유인, 공갈, 명예훼손·모욕 등이 있다. 협박, 약취·유인, 공갈 등은 신체 폭력, 금품 갈취와 함께 일어나는 경우가 대부분이라서 '학교폭력 사안처리 가이드북'을 참고하여서 처리하면 된다.

명예훼손·모욕의 경우는 따돌림, 언어폭력, 신체 폭력과 함께 일어나기도 하고 단독으로 발생하기도 한다. 함께 발생하는 경우는 '학교폭력 사안처리 가이드북'을 참고해서 처리한다.

단독으로 발생할 때는 공연성이 성립하는지를 잘 따져 봐야 한다. 외부인 다수가 피해자를 인식할 수 있어야 한다.

모욕과 명예훼손은 구체적 사실의 적시 여부를 가려야 한다. 단순한 모욕적 표현이나 추상적 표현인 경우는 모욕죄, 구체적 사실을 적시한 경우는 명예훼손죄가 성립한다.

성폭력, 성추행, 성희롱: 타인에게 예의를 갖추자

성희롱, 성추행, 성폭행이 학생을 대상으로 발생한 경우 성폭력 사안을 처리한다.

이 경우 무조건 '학교폭력 사안처리 가이드북'에 나와 있는 처리 과정을 그대로 따라 해야 한다. '어떻게 처리하는 게 좋을까?', '다른 좋은 방법은 없을까?' 등의 고민은 제발 하지 말고 '학교폭력 사안처리 가이드북'이 시키는 대로 하기를 바란다.

성폭력 사안 중 중요한 사안은 교육청 긴급 사안 보고와 경찰 신고의 의무도 있으니 확인 후 처리한다. 사안 처리 시 중요한 것은 피해자의 나이다.

'13세 미만의 사람에 대하여 간음 또는 추행을 한 자는 제297조, 제297조의2, 제298조, 제301조 또는 제301조의2의 예에 의한다.'(형법 제305조 1항).

만 13세 미만인 경우 미성년자 의제강간이므로 합의 여부와 관계없이 처벌해야 한다.

'13세 이상 16세 미만의 사람에 대하여 간음 또는 추행을 한 19세 이상의 자는 제297조, 제297조의2, 제298조, 제301조 또는 제301조의2의 예에 의한다.'

(형법 제305조 2항).

19세 이상만 처벌하고, 만 13세 이상 18세 이하의 경우에는 상호 합의 여부에 따라 합의된 성관계는 처벌하지 않는다.

성 관련 사안은 학교폭력 관련 업무 중 '최종병기'급 업무다. 꼭, 기필코, 반드시, 개인의 판단보다 가이드북의 제시에 따라 꼼꼼히 체크해가며 업무를 수행한다.

위기 학생 관리: 힘들지, 나에게 기대!

자해 및 자살 시도 등 정상적인 학교생활을 어렵게 하는 정서적 위험 요소를 가진 위기 학생에 대한 업무다. 최근 들어 일선 학교에서는 자해 및 자살 시도 학생이 증가하는 추세다. 학교에서 학생들의 위기 신호를 파악해 적절한 때에 개입하는 것이 중요하지만 현실적으로 쉽지 않다.

생명 존중 교육을 통해 예방에 힘을 써야 하고, 보건 교사 및 상담 교사와 협업이 중요하다. 학생들 신체에 자해나 자살 징후가 있는 경우는 보건 교사가 중심이 되어 학생의 상태를 파악하는 것이 중요하다. 학생의 심리 · 정서적 위기가 보이는 경우 상담 교사가 중심이 되어 위기 학생을 관리한다.

학생들 사이에서 정보를 얻거나 아침 등교 지도 시 학생의 위기 징후를 발견하는 경우 보건 및 상담 교사와 협조를 통해 위기 학생을 관리한다.

이 업무는 학교에 있는 '위기 학생 관리위원회'를 통해 여러 교사가 다 같이 문제에 접근하고 해결해야 한다.

학생 안전 관련: 휴, 오늘도 무사히!

안전 교육, 등하교 학생 안전 관리, 각종 대피 훈련, 급식 지도, 안전공제회 업무 등이 있다. 대부분 공문 처리 업무다. 급식 지도의 경우, 학년별 지도와 급식실 입장 지도 계획을 수립하면 된다. 급식 지도 도우미 학생을 선발하여 교사와 같이 지도하면 많은 도움이 된다.

학생 선도협의회(학교별 명칭은 상이함) 관련 업무

 흡연

학생들의 흡연율은 학교마다 상당한 차이가 있다. 경험상 환경의 영향을 많이 받는 편이다. 주거 환경이 우수하고 학구열이 높은 지역은 흡연율이 비교적 낮은 편이다. (학부모 민원은 반비례한다.) 반대의 경우는 흡연율이 비교적 높은 편이다. (학부모 민원이 반비례하지 않는다.) 아직 필자가 근무한 학교에 흡연율이 0인 경우는 없었다.

학생이 700명이고 흡연율이 3%라고 가정하면 21명의 학생이 담배를 피운다. 주 3회 흡연한다고 가정하면 월 252회, 학기당 1,512회가 된다. 그중에서 약 10% 정도 흡연 사실이 적발되었다고 가정하면 학기당 약 150회, 한 달에 약 25회, 1주일에 약 6회다. 매일 흡연 학생 지도하다 1년이 지나간다.

무조건적인 단속, 처벌은 곤란하다. 그래서, 현실적인

접근이 필요하다. 일단 기준을 세운다. 교내 흡연, 학생의 신고, 외부 민원 신고의 경우 학생 선도협의회를 개최하여 징계하고, 그 외의 경우 일단 지도를 하는 것으로 하면 업무량이 조금 줄어들 수 있다.

학기 초에는 엄벌주의를 선택하여 징계를 통한 철저한 지도의 모습을 보여주고, 금연 교육을 통해 흡연율을 낮추는 지도가 필요하다.

흡연 학생을 조사할 때 '너 담배 피웠지?'라고 하면 대부분 '아닌데요.'라는 답을 듣게 된다. 과학적 조사가 필요하다. 음주측정기와 비슷하게 생긴 일산화탄소 측정기를 이용하면 연초를 흡연할 때 폐에 들어오는 일산화탄소의 양을 측정하여 흡연 여부를 알 수 있다. 경험상 당일 또는 하루 정도 측정이 되지만 연초가 아닌 전자 담배는 측정이 불가능하다.

요즈음 학생들은 연초도 많이 피지만 궐련형 전자 담배, 액상형 전자 담배, 일회용 전자 담배 등 전자 담배 흡연이 증가하고 있다. 전자 담배 흡연은 일산화탄소 측정기로 측정할 수 없다. 니코틴 소변 검사 키트를 이용한다. 코로나

검사 키트처럼 소변을 받아 3방울 정도 떨어뜨리면 측정이 된다. 경험상 약 3일 전 정도까지 측정이 된다.

적발된 학생들을 대상으로 일산화탄소 측정기와 니코틴 소변 검사 키트를 이용하면 순순히 인정한다. 여러 번 적발된 학생은 '인정할래, 검사할래.'라고 하면 대체로 인정한다.

흡연 사실을 조사할 때는 언제, 어디서, 누구와, 얼마나 피웠는지, 담배는 어떻게 구매했는지를 파악한다. 학생에게 담배를 판매한 판매점은 청소년 보호법 위반이므로 학교 관리자와 협의하여 학생에게 담배를 판매하지 않도록 협조를 구하거나 행정기관에 연락하여 조치를 취한다.

 음주

흡연만큼이나 일상적인 게 음주다. 학생들의 음주는 흡연과 패키지로 발생하는 경우가 대부분이다. 흡연과 다른 점은 음주는 학폭이나 성폭력으로 이어질 확률이 높다는 점이다. 술에 취해 감정이 격해지거나 긴장감이 낮아질 경우 성폭력이나 다른 폭력으로 이어져 큰 문제를 일으키는 경우가 잦다. 음주 역시 학생들 사이에서 정보를 얻거나 다른 사안을 조사하는 과정에서 사실을 알게 되는 경우가 일반적이다. 흡연보다 조사가 까다롭다. 학교가 가지고 있는 음주측정기는 성능이 부족한 편이다. 일단 정황 조사를 먼저하고 학생의 진술을 확인하며 틈을 찾아야 한다. 마지막 수단으로 음주측정기를 사용한다.

우리 사회는 비교적 음주에 관대한 편이다. '술 한잔할 수도 있지.'라는 접근은 위험하다. 청소년 음주는 성장에 장애를 초래하고 뇌 손상의 원인이 될 수 있다. 그리고, 다른 유해 물질에 중독되기 쉽고 범죄에 노출될 확률이 급격히 증가한다. 예방 교육을 철저히 하고 경각심을 갖도록 처벌을 명확히 하며 상담 및 지도에 힘써야 한다.

도박 관련 사이트 : 토토, 바카라, 꽁머니, 발번, 뿌리오, 토스, 카톡 인증, 텔레그램

필자가 불법 도박 학생을 조사하며 알게 된 용어다. 예전에는 도박 관련 용어로 '토쟁이', '토사장' 등을 사용하였는데, 근래에는 사용하지 않는다.

'토토'는 스포츠 배팅을 뜻하는 용어지만 학생들 사이에는 '바카라'를 뜻하는 용어로 더 많이 사용되고 있다. 바카라(baccara)는 두 장의 카드를 더한 수의 끝자리가 9에 가까운 쪽이 이기는 게임이다.(출처: 위키백과) 한 판에 1분이면 충분하다. 학생들이 스마트폰을 이용해 시간과 장소에 관계없이 불법 도박사이트에서 바카라 게임 베팅을 한다.

도박 베팅 자금이 필요한 학생들은 '꽁머니'를 얻기 위해 애를 쓴다. '꽁머니'는 불법 도박 사이트에서 주는 '꽁짜+머니'에서 유래된 은어다. 도박에 빠지게끔 만들기 위해 미끼로 제공한다. 도박사이트에서 주는 꽁머니로 배팅을 시작하면 점점 도박에 빠지게 되고 도박 자금을 모으기 위해 애를 쓰게 된다.

그 과정에서 '텔레그램' 메신저를 통해 불법 대리업자에게 '발번, 라스, 토스, 카톡 인증'을 한다. 발번은 발신 번호 인증, 뿌리오는 단체 문자 서비스 인증, 라스는 라이브 스코어 인증, 토스는 토스 뱅크 인증, 카톡 비번 인증을 뜻한다. 스팸 문자를 대량 발송하기 위해 각종 인증이 필요하고 그 인증을 대신해 줌으로써 대가를 받는 것이다. 모두 정보통신망법 위반이다.

그래서 도박 자금이 부족한 학생들은 절도, 사기, 협박, 금품 갈취 같은 2차 범죄를 저지르거나 불법 사채에도 손을 대는 경우가 있다.

학교에서 누군가 한 명이 불법 도박을 시작하면 빠른 시간 내에 확산된다. 학생들은 도박을 게임으로 받아들이는 경우가 많아서 죄의식 없이 단순히 게임하고 돈을 번다는 생각으로 접근한다.

학생들의 불법 도박은 학생들 사이에서 떠도는 소문이나 다른 사안을 조사하는 과정에서 드러난다. 도박은 스마트폰을 이용하기 때문에 학생들의 모바일 뱅킹 앱을 조사해야 파악할 수 있다. 충전과 환전의 과정 모두 모바일 뱅킹을 이용한다. 그래서 학생의 동의 또는 보호자의 동의를 구하고 모바일 뱅킹 앱을 열어봐야 한다.

만 원 단위로 특정인이나 단체 명의로 거래가 반복되는 것을 확인한다. 명의는 자주 바뀐다. 일상적인 거래 패턴에서 벗어나거나 10만 단위 이상의 거래를 하나하나 추궁하다 보면 사안을 파악할 수 있다. 간혹 본인의 계좌가 아닌 친구 또는 부모의 계좌를 도용해 사용하는 경우도 있다. 이 경우 도박죄에 금융실명법 위반도 더해진다.

학생의 도박은 징계만 해서는 안 되고, 예방 및 치유 교육이 반드시 이뤄져야 한다. 도박 예방 치유센터와 연계하여 도박의 위험성에 대한 예방 및 치유, 상담 프로그램의 진행이 반드시 필요하다. 학생의 도박이 2차 범죄로 이어지는 경우는 관리자와 협의하여 경찰에 신고하는 방안도 고민해야 한다.

절도

학교 내외에서 종종 발생한다. 교외 절도 사건은 경찰에 신고되어 경찰에 의해 처리되고 학교로 통보되면 학교는 생활지도 규정에 따라 처리하면 되기 때문에 업무처리는 쉽다. 그렇지만 교내 절도 사안은 까다롭다. 절도 현장을 목격하는 경우는 생활지도 규정에 따라 처리하면 끝난다. 절도 순간을 목격하지 못하고 물건이나 돈이 없어졌다고 신고를 받는 경우에는 사안 조사가 쉽지 않다.

대부분 교실은 CCTV가 없다. CCTV는 복도와 외부를 촬영한다. 그래서 교실에서 일어나는 행위는 증거를 수집할 방법이 없다. 해당 교실이 비어 있을 때 들어간 학생을 CCTV로 확인하고 그 학생을 불러서 사안을 조사해야 한다.

결국 얼마나 빈 교실에 머물렀는지, 의심스러운 행동이 있었는지 등의 정황증거만으로 사안 조사를 진행한다. 정황증거를 바탕으로 차근차근 대화하고 학생의 동의를 얻어 소지품을 확인하는 방법으로 조사를 진행한다.

다른 학생들에게 해당 사안을 드러내지 말고 가급적 방과 후에 조사하는 것이 적절하다. 해당 학생이 사실 여부와 관계없이 도둑이라는 낙인이 찍히게 되면 따돌림 등의 학교폭력으로 이어질 수 있다.

학생들이 평소 소지품을 잘 관리할 수 있도록 지도하고, 빈 교실에 출입을 자제시키는 교육을 먼저 하는 것이 중요하다고 판단된다.

3장

교권
침해
업무

심각한 현실 문제다. 하지만 교권 침해 관련은 교무부 소관 업무로 교권보호위원회의 결정 사항 중 교내봉사나 사회봉사 이행을 지도하는 것만 생활지도 업무에 속한다.

다음은 책 집필 과정에 도움을 주시고 실제로 생활지도 업무를 하시는 선생님들의 글이다.

빅 픽처(big picture)

빅 픽처(big picture): 앞으로 일어날 일을 미리 예상하고 행동하는 것으로, 다른 사람들은 한눈에 보기 어려운 큰 그림을 그리는 것

생활지도 업무를 처리하다 보면, 빅 픽처를 그리는 것이 중요함을 깨닫는다. 빅 픽처를 그리지 못하면 주먹구구식으로 일을 처리하게 되기 때문이다. 그렇기 때문에 업무를 처리하기 전에 생활지도에 적합한 마인드셋을 설정하고 업무처리의 큰 흐름을 잡는 일이 중요하다. 필자는 운이 좋게도 신규 시절 곰쌤과 범쌤의 지도(?)를 받아 빅 픽처 그리기를 업무처리의 첫 단계로 삼고 있지만, 주변 동기 선생님들을 둘러보면 그러하지 못해 우왕좌왕하는 모습이 역력하다. 학생을 어떻게 대할 것인지, 동료 교사와 어떻게 협업할 것인지, 정보를 어떻게 활용할 것인지 등에 대한 빅 픽처를 그리고 업무를 시작하길 권한다.

한편, 교과 수업은 쉬는 시간이 있어도 생활지도는 쉬는 시간이 없다. 생활지도는 학생이 등교할 때부터 하교할 때까지 계속해서 이루어진다. 또 생활지도가 필요한 케이스는 얼마나 다양한지, 어떻게 접근해야 할지 가닥을 잡는 일은 여간 어려운 일이 아니다. 하지만 걱정은 이르다. 곰쌤과 범쌤이 생활지도 업무 영역부터 차근차근 알려줄 테니. 지금부터는 생활지도 업무 영역에 대해 자세히 살펴보도록 하자.

생활지도 능력은 교사의 기본 역량이다. 생활지도 업무를 담당하지 않더라도 교사들은 늘 생활지도와 함께한다. 하지만 그 어디에서도 생활지도에 관해 가르쳐주지 않는다. 몸으로 부딪치며 악으로 깡으로 버텨야 방향이 조금씩 보이기 시작한다. 그런 과정에서 교사들은 상처를 입고 학생들은 학교를 떠난다. 이러한 현실 속에서 이 책의 발간은 가히 혁명적이라고 할 수 있다. 선배 교사들이 현장에서 쌓아온 생활지도 관련 노하우를 친절히 알려주니 말이다. 상처받지 않고 생활지도에 관한 방향을 잡고 싶다면, 피상적이고 허황한 이야기가 아닌 실속 있고 명쾌한 생활지도 업무처리 전반에 대해 알고 싶다면 이 책을 꼭 읽어 보길 권한다. 이 책을 읽다 보면 업무처리 원칙부터 마인드셋, 상황별 대처 방법까지, 생활지도 A to Z에 대한 집중 코치를 받는 듯하다. 집중 코치를 받고 나면 그 누구라도 생활지도에 대한 감을 잡을 수 있을 것이다. '생활지도, 먹는 건가?'라고 생각하는 신규 교사, '생활지도, 어떻게 하는 거지?'라고 생각하는 저경력 교사, '생활지도, 어떻게 하면 더 잘할 수 있지?'라고 생각하는 경력 교사 모두에게 추천하는 책이다. 이 책을 읽어볼 수 있도록 노력해 주신 곰쌤과 범쌤에게 감사드리며 글을 마친다.

2년 차 헌내기 교사 정지인 드림

이상과 현실 가운데에서

나는 시골에 있는 여중에 신규로 발령받아 3년을 근무하며 학생들과 끈끈한 유대와 래포 형성으로 근심 없는 행복한 교직 생활을 해왔다고 자부했다. 그리고 새로운 환경으로 옮기게 되면서 전혀 생각지도 못했던 학생과의 관계, 생활지도 부분에서 혼자 속앓이하는 나를 보았다. 처음에는 단순히 학생과의 상호작용 중 문제가 생겼을 때, '나한테 이렇게 말하면 안 됐지.', '어떻게 이렇게 버릇없이 이야기하지?'라고 학생의 탓으로 돌리며 합리화를 시켰다. 문제가 해결되지 못하고 반복되었을 때, 감정을 추스르지 못해 학교에서의 감정을 고스란히 집에 가져와 잠이 들 때까지 내 옆에 두었다. 그 후 내가 주었던 믿음과 신뢰가 깨져 그대로 깨진 조각이 나를 향했을 때, 수많은 생각의 바다에 잠겨 나를 탓하며 내가 나를 갉아먹고 있을 뿐이었다. 그리고 이 책의 저자인 선생님을 뵙게 되었다. 엄격하면서 직설적인 표현을 씀과 동시에 인간적이면서 자기 계발을 열심히 하는 사람, 그리고 학생들과의 유대관계가 긍정적인 사람. 학생들이 정말 무서워하면서 또 재미있고 좋다고 평가하는 선생님이었다. 단지 말로 하는 것보다 직접 봐야 안다. 그런 것들을 아직 신규인 나에게 알려주고 싶으셨던 것 같다. 학생을 훈계하고 생활지도를 해야 할 상황이 있을 때 본인이 하는 방법을 옆에서 지켜볼 수 있게 해주셨고 어깨너머 배움으로써 내 마음이 단단해질 수 있도록 도와주셨다. 스스로를 갉아먹는 내가 아니라, 어떻게 해야 나를 지키는지 말이다. 그런 방법들과 상황을 이 책에 담아두었다. 학생생활지도가 어떻게 보면 무겁고 또 무거워 보이는 주제일 수도 있으나 이를 유쾌하고 현실적으로 제시한다. 그리고 학생생활지도를 위한 전략과 실제 경험 및 구체적인 사례를 통해 학생의 생활지도에 관한 전반적인 가이드라인을 제공할 뿐만 아니라 교사 자신을 스스로 지킬 수 있는 방안을 제시한다. 학교 현장에 있다가 보면 교사는 생각지도 못했던 다양한 상황에 직면하게 된다. 그 예로 교사와 학생 간의 관계와 학생의 인권을 학교 현장에서 적절하게 조화시키는 것은 교육 분야에서 중요하면서도 복잡한 과제 중 하나이다. 학생의 인권이 강조되면 그와 마찬가지로 교권도 동시에 균형을 맞추고 서로의 관계가 존중되어야 했다. 하지만 어느샌가 교권은 그늘막에 가려졌다. 양지에서 빛나고 역량을 발휘해야 할 소중한 교사들이 많은 그늘에 가려져 음지에 있었다면, 한 발짝 용기 내 양지의 길로 들어서면 좋겠다. 학생생활지도에 관한 전반적인 가이드라인뿐만 아니라, 교사 자신을 스스로 지킬 수 있게 다양한 사례를 제시하는 이 책을 통해 학교 생활지도에 고민과 근심을 가졌던 경험이 있는 많은 동료 교사에게 도움이 되길.

태어나면서부터 교사 허난영 드림

3부

학교 현장에서 생활지도 실제 – 방법과 사례

학생생활지도 – 학교의 장과 교원이 교육활동 과정에서 학생의 일상적

인 생활 전반에 관여하는 일체의 지도 행위를 말한다.

(교육부 고시 제2023–28호 교원의 학생생활지도에 관한 고시 제2조 4항)

학교폭력에 해당하는 각각의 사안에 관해 이 책에서는 구체적 법률 조항이나 처리 절차에 대해서는 따로 언급하지 않을 생각이다. 혹여나 불친절하게 비칠 수도 있겠지만, 이미 훌륭하고도 우수한 많은 사례가 보급되었다.

보급된 교재나 책자에 너무나도 상세하고 친절하게 설명이 되어 있으므로 중복적으로 표기하여 지면을 할애하는 것은 낭비라는 판단하에서다.

그리하여 이 장에서는 가장 기본적이고 표준적 절차의 도표만을 제시한다. 기타 수반되는 제반 법률적 사항도 대폭 삭제하였다. 덧붙여서 실제 유사한 사례를 제시하여 처리할 수 있는 운용의 묘에 주력하였다.

또한 현장에서 쉽게 일어날 수 있는 사례와 실수를 예방하여 교사의 권위를 지킴과 동시에, 선의의 피해자를 방지하는 측면에 주력할 예정이다.

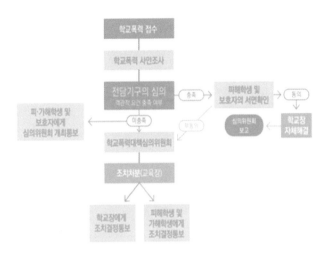

학교폭력사안처리 흐름도 - 교육부 학교폭력 사안처리 가이드북 중

1장

학교폭력
처리
대전제

편견은 우리에게 사치다

단순한 명제이지만 실제로 많은 교사가 범할 수 있는 우려이다. 실제 가장 많은 민원이 야기되는 본질적인 문제이다.

대다수 교사는 본인이 좌고우면하지 않고 객관적이며 감정의 개입이 없는 공평한 자세로 문제를 해결한다는 자부심과 원칙이 있을 것으로 생각한다. 필자도 초창기에는 누구보다 냉철하고 객관적인 시선으로 사안에 임하며, 학생의 인격과 사안을 분리시켜 접근했다고 자신하였다. 돌이켜 보면 중립을 잃었던 상황이 적잖게 있었다.

문제 해결 과정에서 적대적이고 안하무인격인 학부모(주로 가해자 측)와의 대립이 시작되면 자괴감과 더불어 원망의 대상이 당해 자식에게 미치게 하려는 욕망의 속삭임에 넘어가고 싶은 충동을 느끼는 순간이 있다.(그러지 않으려고 많은 노력을 했고 지금도 노력 중임)

이에 흔들리지 않는 신념을 가지고, 내가 이 모든 문제의 중심이다. 지금, 이 순간 내가 하는 일이 가장 가치 있다는 생각으로 업무에 임하고 있다.

특히나 생활지도를 담당하는 교사는 누구보다도 더 객관적이고, 더 공정하며, 더 정의로워야 한다. 이 평가에 도달하지 못하면 이미 상처받은 권위로 진실에 접근할 수 없다. 이는 피해 학생이 교사를 회피(내 문제를 해결해 줄 수 없을 거야.)하는 결과를 초래할 것이다.

이에 필자는 사안 조사 시 마음속으로 외치고 조사를 시작한다. '법에는 색깔이 없어야 하며 나는 감정이 없는 중립지대의 절대자다.'

돌이켜 보면 참 어려운 직업을 선택한 것 같다.

학생들에게 지혜를 전수해 주고 삶의 선배로서 올바른 신념과 모범적인 인격을 양성해 주려고 선생님이 되었다. 지금은 '내가 왜 법률을 공부하고 있지.'라는 생각에 웃음이 난다.

모든 구성원은 우리에게 균형을 요구한다

이 명제는 관련 학생들에게 진술 기회 및 시간을 공정하게 배분하여, 관련 학생 본인이 불이익을 받고 있다는 인상을 주지 않음에 있다. 동시에 지도 교사가 공정하다는 신뢰를 심어주는 데 그 목적이 있다. 또한 '무죄 추정의 원칙'에 의거 당연히 제공해야 하는 절대 명제의 일 원칙이다.

공정과 정의가 화두인 현대 사회에서 성인들도 작고 미세한 차별 대우에 온몸으로 반응함과 동시에 불만을 표출한다. 하물며 미성숙한 학생들은 더 심하게 반응할 것이 자명한 사실이다.

참고로 필자는 오랫동안 쌓아놓은 이미지 덕분에 별다른 어려움 없이 업무의 역할을 수행할 수 있었다. 주변의 동료들과 대화를 가져보면 이 조사 과정에 대한 불만이 학부모 민원의 상당수를 차지하는 편이다.

주로 '왜 우리 아이 이야기는 들어주지 않으세요.'

'선생님이 우리 애 잘못했다고 단정하셨잖아요.'

'우리 애가 하고 싶은 말을 다 하지 못했는데 마무리했잖아요.' 등

셀 수도 없이 나오는 내용들이다. 이에 필자는 다음과 같은 방법으로 조사를 한다.

물론 이 방법이 모범 답안이라고 장담할 순 없겠지만, 오랜 기간 동안 큰 법적 분쟁과 악성 민원인과의 마찰이 발생하지 않았던 것을 고려하면 나름의 효과는 있다고 생각하고 있다.

관련 학생 진술 시 순서에 주의를 기울인다

'독자는 뭐 이런 것까지 신경을 써야 하는가?'라고 반문할 수도 있을 것이다.

정말 하찮게 생각되고 아무것도 아닌 것처럼 생각할 수 있다. 실제로 예민하고 어린 학생들, 특히 본인의 잘못으로 인해 불편한 상황에 놓여 있는 관련 학생들은 이러한

것들에 매우 민감하게 반응한다는 사실을 항상 염두에 두어야 한다.

그 예로 관련 학생 및 부모의 정보가 다수 확보되어 있는 경우이다. 과거 학폭의 경험이 있거나, 속칭 별난 구석이 있어 논란의 여지가 있을 가능성이 큰 경우, 정서적 문제가 있는 학생의 주장을 먼저 들어주는 것이 하나의 방법이 될 수 있다.

이는 소소하여 별 차이를 가져오지 못할 것으로 보일 수 있다. 하지만 학부모와의 논쟁이 발생했거나, 악성 민원으로 문제가 발생했을 시 차별을 했다는 주장을 반박할 수 있는 중요한 근거로 사용될 수 있다.

아무런 정보가 없을 시에는 대체로 가해자에게 진술의 우선 기회를 부여한다.

이는 가해 학생의 진술에서 논리적 모순점을 발견하고 피해 학생 진술과의 오차를 보정하는 중요한 정보가 될 수 있다. 주의 깊게 경청하여 중요한 사안 판단의 근거를 마련할 수 있다. 가해 학생의 반성 정도와 그 진위 여부 및 표현 과정에서 다양한 정보를 종합 취득하여 유용한 정보로 이용될 수 있다.

상습적으로 거짓말을 하는 학생에게도 우선적 진술 기회를 부여한다.

통상적으로 어린 나이에 상습적 거짓말을 하는 경우는 지능 및 상황인지 능력이 또래 학생보다 높다고 판단하는 것이 일반적이다.

이는 대면 심문을 할 때 상대방의 진술을 들은 이후에, 그에 맞춰 본인의 행동을 과장, 축소하는 능력이 탁월함을 의미한다. 원천적으로 먼저 진술하게 하여 여지를 없애는 것이 사건의 팩트를 확인하는 데 유리함을 많이 경험하였다.

의도적, 계획적으로 시간을 배분한다

진술 시간의 안배도 중요하지만, 발언의 횟수와 상호 조절도 적절하게 필요하다.

본인의 의사와 상황을 적절한 언어와 비유로 재현하는 학생이 있는 반면에, 내성적인 성격과 상황에 대한 두려움과 걱정, 억울함과 분함 등의 감정이 혼재되어 서툰 학생도 있다. 이때 자신의 주장을 적극적으로 개진하지 못하는 학생을 고려하여 관련 학생들의 진술 기회를 번갈아 제공하는 것이 매우 중요하다.

표현이 서툰 학생도 상대방이 상황을 조작하여 거짓을 말할 때는 다양한 방법으로 반박(메모, 의사 표현, 개별적 분리 조치)을 할 수 있으므로 지도 교사의 효율적인 개입이 필요하다.

결론적으로 시간의 공정성까지는 추구하지 않더라도, 최소한도의 발언 횟수는 공정하게 조절하여 의사 표현이 서툰 학생의 억울함을 사전에 방지할 가능성을 높일 수 있다. 이는 지도 교사가 학생의 신뢰를 얻을 수 있는 가장 효율적이고도 공정한 방법이라 믿어 의심치 않는 바이다.

가식적 친절을 베풀어라

이질적 어감에 불편함을 느끼실 분도 있겠지만, 오랜 기간 동안 악성 학부모, 속칭 개념 없는 학부모들을 상대하다 보면 정말 상식이 통하지 않음을 온몸으로 느끼는 경우가 많다.

하나의 예로써 쌍방이 모두 가해와 피해가 존재하는 경우, 본인의 집에 먼저 전화를 한 것도 따지고 드는 경우가 있다. 물론 무지와 두려움에서 비롯되어 가해 부분이 더 많아서 먼저 전화했을 것이라는 걱정에서 시작되었겠지만, 합리적인 대화가 아닌 고성으로 전개되는 경우가 많았다.

이 부분은 충분히 공감하고 이해하는 것이 현명한 대처 방법이 될 수 있다. 관련 학생 부모의 입장에서는 자녀의 미래와 관련 있는 학교폭력에서 불리한 위치에 처하게 된다면 그 요구는 의심의 여지가 없다.

이런 작고 조용한 배려가 교사의 어려움을 해결하는 데 큰 받침대가 되어 주는 경우를 필자는 많이 목도하게 되었다.

구체적으로 어떻게 해야 할까?
별로 어렵지 않은 내용이다.
진술서 작성이나 구두로 서술하는 중간에

'네가 하고 싶은 이야기 다 할 수 있도록 해준다.'

'시간에 구애받지 말고 천천히 생각하고 하고 싶은 말 다 해.'라고.

걱정하지 말라는 이야기를 자주 하여 심리적 안정감을 제공한다.

이는 차후 학생이 진술을 번복했을 시에도

'학교 측이 강압적으로 조사를 하였다.'

'우리 아이가 선생님이 무서워서 사실대로 이야기를 못 했다.' 등의 악의적 민원을 차단할 수 있는 근거가 된다. 아울러 강압적 진술이라는 논리를 반박할 수 있는 중요한 단초가 될 수 있다.

'휴~ 이런 것까지 하면서 왜 이 직업을 계속 해야 할까?' 라는 생각이 스쳐 지나간다.

하지만 '선생님이 있기에 오늘도 학교와 대한민국이 돌아가고 있다.'라는 조금은 건방진 생각을 하면서 수업 종소리를 맞이한다.

학생은 제외하라, 그 행위만 보라

동일하게 발생하는 학교폭력의 다양한 사안을 조사하다 보면 반복되는 일상과 권태로 인해 교사들도 많이 지칠 수가 있다.

특히나 짧은 시간에 다양한 사안이 연속적으로 발생할 경우, 피로와 권태감이 일순간에 몰려와 심적 안정을 유지하기가 쉽지 않은 게 현실이다.

그럼에도 불구하고 일단 조사가 시작되면 제3원칙 '행위에만 국한한다.'를 명심하자.

이는 문제 학생(가해 학생)이 지속해서 조사받는 과정에서 지도 교사의 편견이 개입되면 문제점을 야기할 수 있다는 사실을 말해 주고 있다.

문제가 많은 학생이라고 단정적으로 판단하고 이를 기초로 조사하다 보면, 기존의 편견과 말실수로 이어질 수 있다.

이는 교사가 의도하지는 않았지만, 새로운 역차별과 가·피해 학생의 전도가 발생할 수 있다.

조사 대상 학생이 평소 바람직하지 않은 인성을 소유하였더라도, 일차적으로 조사가 시작되면 대상 학생의 과거 전력과 평가는 철저하게 배제한 채 해당 사건에만 집중시킨다.

'너 예전에 이렇게 행동했잖아.'

'너 언제 사람 될래.'

등의 발언은 그 취지는 십분 이해가 되지만, 당해 학생의 불만과 학부모의 불신과 민원을 초래할 수 있는 가장 대표적인 근거가 될 수 있으므로 굳이 발언할 의미가 없는 내용들이다.

이런 세심한 주의를 통해서 학부모의 민원을 원천적으로 차단할 수 있다.

정보가 곧 진리요, 정의다

사안이 발생하고 조사를 시작하게 되면, 관련 당사자와 정확하게 상황을 인지하고 필수 불가결한 정보를 공지 및 통제한다. 긴급을 요구하거나 중대한 사안 시 사전에 담임 교사 및 임장 교사에게 학생의 위치와 수업 결손의 최소한의 내용을 전달한다. 이후 학생들의 상상력을 통제하고, 일원화된 관리 구조하에 신속한 조사와 사후 과정을 운영 및 해결하여야 한다.

또한 진술서 작성 시 관련 학생들에게도 현재 작성되는 문서(진술서, 경위서, 참고인 조사 등 모든 것을 망라)는 법적인 효력을 가질 수 있는 공적 서류가 될 수 있음을 공지한다. 동시에 차후 본인의 권리 주장과 책임소재의 중요한 기초 사실이 됨을 재공지한다. 이는 거짓과 조작의 가능성을 줄이는 가장 기초적인 기술에 해당한다.

관련 학생들이 구두로 진술할 시에는 반드시 동료 교사를 확보하여 그 증언의 사실 여부를 확인하는 과정이 중요하다. 당해 사안과 관련이 없는 내용의 구두 진술은 중간에 원천 차단하여 이 장소와 행위의 엄중함을 학생들이 피부로 느낄 수 있도록 해야 한다. 또한 2차 가해와 피해를 막기 위해 인지한 이후부터 2호 조치가 자동 발효됨을 주지하여야 한다. 사과를 빙자한 회유나, 협박을 원천 차단하여 피해 학생이 두려움을 느끼지 않도록 하는 것이 학생부 교사의 최우선 과제임을 명심해야 한다.

학교폭력의
유형
및 대응

학교폭력은 크게

신체적 폭력

언어적 폭력

사이버 폭력

심리적 폭력으로 분류가 될 수 있다.

이 장에서는 각각의 사안별 특징과 주의 사항에 대해 논의를 지속할 생각이다. 구체적 처리 절차는 '학교폭력예방 및 대책에 관한 법률'에 의거 동일하게 적용될 수 있으므로, 개괄적인 사항은 생략하도록 하겠다.

여기서 생략한다는 것의 의미를 혹여나 너무 쉽거나, 또는 표준 절차(흔히 '매뉴얼'이라고 불림)가 있어서 쉽게 해결할 수 있다는 것으로 오해하면 안 된다.

전국의 모든 학교가 동일한 기준의 잣대로 문제를 처리하고 있다. 하지만 잘 적용되는 곳과 그렇지 못한 곳이 필연적으로 나타나기 때문이다.

이는 결과적으로 사람, 역량, 소통, 결합체가 연쇄 반응으로 작용한다고 필자는 이해하고 있다.

법 이전에 사람이 하는 일이다. 그 기저에는 날카로운 시선과 따뜻한 마음으로 상처받은 대상을 보듬을 수 있는 역량이 필요하다.

심정적 배려를 통해 같이 아파하고 열려 있는 귀가 있을 때 비로소 나아질 수 있다고 판단이 된다.

기계적 사안 처리는 상호불신, 감정대립, 악성 민원, 법적 분쟁의 원인이 될 수 있다. 음지에서 일하고 비록 알아주지 않더라도 '사람이 전부다.'라는 생각으로 일해야 한다.

학교폭력은 실제 현장에서 가장 많이 발생하는 유형이다.

학교폭력

위기관리

성폭력

아동학대

어느 하나 쉽지 않고, 우리 사회가 쉽게 눈감아 줄 수 없는 긴급을 요구하는 것들이다.

이 장에서는 '학교 현장에서 이런 것까지 우리가 해야 하나?'라는 본원적인 질문은 원천적으로 생략하도록 하겠다.

많은 교사가 권위의 약화와 업무가 가중됨을 설파하고 있는 상황이다. 이에 필자가 이야기해 본들 넋두리에 불과하므로 아쉬움만 남기고 본질에 충실해지도록 하겠다.

다양한 형태의 폭력은 학교만이 아니라 인간이 사는 세상 어느 곳이나 끊이지 않고 발생하였고 앞으로도 발생할 것이다.

학자들의 연구 결과에 나오듯이 타인을 지배하려는 인간 본성에 기초한 것으로 과거에도 존재하였고, 지금도, 미래에도 존재할 것으로 예상되는 본원적 문제이다.

폭력성은 인간의 진보로 인해 해결 방법에는 시대별, 지역별 차이가 발생하고 있다.

과거에는 관습과 사회 규범에 따라 자연스럽게 해결되

었고, 미래에는 더 현명해지고 디지털화된 후손들이 슬기롭게 해결할 것이라 믿어 의심치 않는다.

　다만 우리의 관심사는 현재이자 진행형이다. 학교 공간에 국한하여 논의해야 한다.

　학교와 교사의 권위가 그 어느 때보다 약화되었다. 학생인권이 강조되는 시기에 섬세하면서도 사회적 요구의 총합을 조율할 수 있는 운용의 묘가 더욱 필요하다.

　이에 구체적인 사례를 통한 해결 절차 및 부당한 민원 제기 시 학교 측의 올바른 대응과 향후 재발 방지에 관한 논의를 전개하고자 한다.

　학교폭력에도 다양한 유형이 있고, 그 유형에 따른 해결 절차가 대체로 정형화, 표준화되어 있다. 누구라도 의지를 갖추면 현명하게 해결할 수 있는 부분이 다 존재한다.

　하지만 실제 사안을 맞이하면 표준화된 절차로 해결할 수 없고, 논란의 여지가 많은 사안이 다수 발생한다.

　이 과정에서 대다수의 지도 교사가 혼란을 겪을 수 있으

며, 의도치 않은 절차상의 하자와 많은 민원에 직면하게
된다.

이에 정형화를 벗어난 특수 사례를 중심으로 효과적으
로 해결할 수 있는 방법에 관해서 이야기할 것이다.

어떤 경우에도 예외를 두지 말자
- 물리적 폭력

신체적 폭력

흔히 폭력, 폭행이라 불리며 인간 역사에서 가장 오래되었고 가장 빈도가 높을 것으로 판단되는 유형이다.

학교 현장에서도 가장 큰 비중을 차지하고 있는 분야이다. 가장 기본적으로 타인의 권리와 인간 존엄성을 침해하는 대표적인 유형이다,

결과론적으로 어떤 경우나 이유로도 용서될 수 없는 중대 범죄이다. 그 강약을 떠나 타인의 신체에 대한 폭력은 용서받을 수 없다.

역설적으로 과거 우리 사회는
'아이들은 싸우면서 자란다.'
'사내자식이 그럴 수도 있지.'라는 사고방식이 만연하였다.

이는 유교적 가치관과 남성 중심의 사고방식이 결합하여 인간에 대한 물리력 행사에 관대함을 허용한 결과로 오랫동안 우리 사회를 지배하였다.

다행히도 21세기 대한민국은 더 이상 이런 사고방식을 용인하지 않고 있다. 지속적인 교육의 결과 사회 각 분야에서 그 비중이 현격히 감소하고 있다.

우리는 타인에게 물리력을 행사하면 상당한 경제적, 법률적 책임이 있다는 사실을 알고 있다. 사회 구성원 모두가 폭력의 비인간성과 야만성을 배격하고 있다. 이로써 대화와 소통으로 문제를 해결해야 한다는 바람직한 상황이 나타나고 있다.

이제 우리는 더 이상 폭력과 폭행이 훈육이나, 사소한 실수로 통용되지 않는 시기에 살고 있다. 현대 사회의 초석을 깔고 있는 최전선 학교에서는 더더욱 용인될 수가 없다.

하지만 학교는 특수성에 기인하고 있다. 대다수 구성원이 미성숙한 학생들로 이루어져 있다. 이에 일률적인 적용에는 그 한계가 분명히 존재한다.

학생들은 자신의 감정 조절에 취약하다. 그로 인해 사춘기의 격정적인 감정은 예상할 수 없는 다양한 형태와 폭력적인 사안이 등장한다. 더불어 특수한 가해와 피해가 나타날 수 있다. 이에 본격적으로 학교 현장에서 나타날 수 있는 신체적 폭력에 관해 논의하고자 한다.

일반적으로 가해와 피해가 뚜렷한 경우에는 규정에 의거하여 처리가 순조롭게 진행될 수 있다. 다만 예외 상황에 직면하면 처리가 매우 곤란한 경우가 발생한다. 예를 들어

첫 번째, 가해자와 피해자가 명확하지 않은 상황.

두 번째, 지속해서 피해를 당한 학생이 휘두른 주먹에 가해자가 더 많이 다친 상황.

세 번째, 정황은 있는데 물증이 없는 상황(각자의 주장이 상반되는 경우).

네 번째, 가해자가 다수인데 그 가담 정도가 다른 상황.

이러한 경우에 지도 교사들은 해결 과정에서 곤경에 처

하게 되는 경우가 많이 발생한다.

이에 완벽한 해결책을 제시하기는 힘들다. 모든 처리 과정에서 세워야 할 기본적인 원칙에 대해 본격적으로 논의해 보고자 한다.

가해자와 피해자가 명확하지 않은 경우

피해 상황에 따라 해당 사안 조치에 임한다.

가령 인적, 물적 피해가 소소한 경우 대체로 적절한 훈계 및 상호 사과와 재발 방지로 마무리가 되는 경우가 대다수이다.

이 경우에 관련 학생들의 감정의 앙금이 해소되었음을 확인된 후 진행함이 바람직하다.

하지만 인적, 물적 피해가 심대한 경우이다. 관련 학생들의 철저한 진술 및 당시 상황에 있던 참고인의 진술, 평소의 생활 태도를 종합하여 판단하고 접근하면 대체로 실체적 진실에 접근하기가 용이하다.

참고로 필자는 가해와 피해가 명확하지 않은 상황(서로

본인이 피해자라고 주장)에서 여러 번의 진술서를 작성하게 만든다.

그 이유로, 여러 번의 진술서를 작성하는 과정에서 학습된 거짓말에 특화되지 않은 학생들은 자신의 거짓 주장의 일관성을 유지하지 못하는 경우가 대다수이기 때문이다.

덧붙여 거짓말과 가해자가 확정되었더라도, 굳이 지도교사가 특정 학생에게

'너에게 더 잘못이 있다.'

'네가 더 잘못했네.' 등의 대화는 득보다 실이 많을 수 있으므로 삼가는 게 유리하다.

지속적으로 피해를 당한 학생이 휘두른 주먹에 가해 학생 더 많이 다친 상황

이러한 상황에서는 가해자 학부모 성향을 잘 인지하여 문제 해결에 접근하는 편이 유리하다.

혹여나 오해를 방지하기 위해 부연 설명하겠다. 이는 학

부모의 눈치나 요구를 들어주라는 뜻이 아니라, 사회적 상식이 필요한 부분이기 때문이다.

대다수 사람은 우리 아이가 상대방을 일방적으로 폭행하는 과정에서 한 대 맞아서 다쳤더라도, 과정의 잘못이 우리 아이에게 있기에 미안한 마음이 있어야 함이 일반적이다. 결과론적으로 상처의 산술적 크기만을 계산하고 주장하는 부모들이 있기 마련이다.

이 경우 필자는 피해 학부모에게 정확한 상황을 전달한다. 사안 접수 시에 행위 과정에 대해 상세하고 엄격하게 기술하여 학폭위에서 심도 있게 심사할 수 있는 단초를 제공하고 있다.

다시 말하자면, 폭력 과정의 대부분은 가해자에게 있고 폭력 결과만 피해자에게 있기에 가해자의 학부모가 합리적인 경우라면 상호 대화와 지도를 통해 해결책에 접근한다. 반대의 경우는 피해자의 상황을 충분히 배려하고, 가해 학생의 행위를 정확하게 작성 보고하여 학교폭력으로 처리하는 것이다.

실제로도 어린 학생들의 경우 성인처럼 정당방위의 개념을 크게 적용하지 않는다. 위기 상황 및 극한 상황에서 성인처럼 강약을 조절하는 능력이 부족한 점을 감안하기 때문이다. 정상참작의 여지가 많지만, 결과보다는 과정에 기초하여 처리하는 게 사회 통념에도 부합된다고 생각된다.

정황은 있는데 물증은 없는 상황

대부분 관련 학생이 자기만의 주장을 펼치는 경우이다. 물론 오랜 시간을 들여 집요하게 학생들을 추궁하고, 시간 역순조사(타임 테이블)로 압박하면 대체로 진실에 접근할 수 있었다. 그 과정에서 부작용이 많이 발생할 수 있다. 이 경우 저경력 지도 교사들은 관련 학생들의 진술을 종합한 후 불만 없는 경위서를 작성하여 상급기관(학교폭력대책심의위원회)에서 정밀하게 심판받을 수 있는 방법을 추천해 주고 싶다.

위 상황은 사실 글이나 말로 설명하기가 매우 곤란한 영역이다.

우스갯말로 영업 비밀에 해당한다. 각각의 사건 케이스, 해당 학생의 인성, 주변 선생님들의 평가 등이 다면적으로 융합되어 지도 교사의 섬세하고 집요한 추궁이 필요한 영역이다.

어려울 경우 굳이 진실을 찾기보다는 양쪽의 주장을 모두 종합적으로 기재하여 다수의 판단(학폭위)에 맡기는 것도 하나의 방법이 될 수 있다.

가해자가 다수인데 피해자가 한 명인 상황

피해자의 상황은 이미 입체적으로 증명이 될 수 있지만, 관건은 가해자의 가담 정도가 사건의 중요 요지가 된다.

그래서 기본적으로 주범, 공범, 종범으로 구분하여 진술서를 작성 및 후속 조치에 관여한다.

주범 : 핵심 및 원인 제공, 직접적 가해, 사건의 시작

공범 : 폭행에 관여, 간접적 폭행

하지만 물리적 구분은 가능하나, 실제로 분류하여 상담할 시 해당 학부모의 민원 여부 및 수용 정도가 민감하므로 운용의 묘가 상당히 필요한 부분이다.

혹여 경험이 부족한 경우에는 피해자의 진술에 기초하여 일괄적으로 가해자로 묶어서 처리하는 것도 하나의 방법이 될 수 있다.

대한민국의 학생들은 어린 시절부터 공동체 학습을 통해 폭력의 위법성과 자제력을 교육받아 왔다.

하지만 개인적인 인성, 가정환경의 특수성, 매스 미디어의 과도한 영향 등 다양한 요인에 의해 폭력에 노출되고 또한 그 물리력을 행사하고 있다.

또한 소수의 자녀를 양육하는 현대 사회에서 자식의 상처와 상흔에 민감한 부모님들의 감정대립으로 이어질 경우가 많다. 그 해결 방법이 많이 소원해지고 있는 현실이다.

흔히 애들 싸움이 어른 싸움으로 전선이 확대되고 있는 것이다.

참으로 안타까운 일이다.

그럼에도 불구하고, 인간에 대한 신체적 폭력은 어떠한 상황에서도 용서될 수 없는 범죄라는 인식을 주기적으로 각성시켜서 학교폭력 없는 '클린학교'에 한발 다가갈 수 있도록 노력해야 할 것이다.

말 한마디로 천 냥 빚을 갚을 수 있다
- 언어적 폭력

과거 우리 사회는 인권 감수성이 크게 높지 않았던 시절을 경험하였다.

흔히 경제적 어려움에 직면하여 먹고 사는 것이 지상 최대의 명제였던 시절이 있었다. 언어적 폭력을 처벌하겠다고 생각하지 못하였고, 또한 원색적인 비난의 경우에만 처벌하는 것이 시대적 큰 흐름이었다.

하지만 인권 의식이 폭발적으로 성장하고, 학생의 인권이 더욱 소중하게 생각되는 시대이다. 현대 사회 흐름에 발맞추어 언어적 폭력의 범위가 확장되고 보장되는 시대에 우리는 살아가고 있다.

"언어폭력의 유형과 법률 조항"
'여러 사람 앞에서 상대방의 명예를 훼손하는 구체적인 말들(성격, 능력, 배경)을 하거나 그런 내용의 글을 퍼뜨리는 경우'

'여러 사람 앞에서 모욕적인 용어(생김새, 병신, 바보)'를 사용하는 경우로 표현하고 있다.

이를 확대하여 해석하면 소위 '입이 거친 사람'은 하루에도 수십 번의 폭력을 행사하는 위기에 직면하게 된다.

더불어 교사가 교육적 지도를 할 시 '이 새끼'라는 표현도 엄밀하게 정의하면 언어폭력에 해당하는 상황에 직면하게 된다.

하지만 필자의 경험으로 그나마 해결이 가장 원만하고 빠르게 진행될 수 있는 사안이 대다수를 차지하고 있다.

물론 사안을 접수하고 처리하는 지도 교사가 학생들에게 공정하다는 믿음과 신뢰의 대상이 되어 있다는 전제가 포함되어 있어야 함은 두말할 나위가 없다.

어떤 경우에도 담임, 지도 교사, 멘토 교사의 여부를 떠나 학생에게 기본적인 신뢰가 형성되어 있어야 한다. 여태껏 논한 모든 것들은 의미가 존재할 수 있는 것이다.

필자가 가장 보람을 느끼는 부분이 여기에 존재한다고 볼 수 있다.

'선생님은 문제를 해결해 줄 수 있을 것 같아요.'
'선생님은 차별 없이 제 이야기를 들어줄 것 같아요.'
'선생님은 정의롭고 공평한 것 같아요.'

이 정도의 신뢰만 쌓여 있다면 이 사안은 쉽게 해결이 가능하다. 대다수의 언어적 폭력을 신고하는 이유는 법적 처벌을 요구하는 것이 아니다.

요즘 학생들의 정보 습득은 우리가 상상할 수 있는 속도를 넘어서고 있다.

다시 말해서 지속적인 학교 폭력 예방 교육을 통한 지식과 주변의 사례를 학습하여 언어적 폭력을 학폭위에 신고했을 시 조치 강도는 불만스럽고, 과정의 복잡함을 잘 알고 있다.

그럼에도 신고하는 이유 대다수는 자신의 모멸감에 대한 격려와 차후 예방 측면에 더 많은 무게 중심을 두고 있다.

이에 신뢰를 형성한 교사에 의한 중재와 재발 방지는 큰 효과를 가져올 수 있다.

하지만 이 과정에서 범할 수 있는 가장 큰 유의점은 교사 스스로 선을 긋는 것이다.

'이 정도는 아무것도 아니야.'

'이거는 학폭위에 가도 별거 없어.'

이러한 단정적 용어 사용은 오히려 불신과 피해 학생에게는 상대방을 보호한다는 잘못된 신호로 인지되어 곤욕을 치를 수 있으므로 유의하여야 한다.

결론적으로 이 분야는 인성 및 생활지도와 연계하여 관련 학생들을 지도하고 개선하는 것이 업무의 경감과 원활한 학생부 운영의 활력소가 될 것이다.

다만 언어적 폭력 사안 중 성적 표현이 내재하여 있는 사항은 그 취급을 엄중히 해야 한다.

그 예로서 남학생이 여학생에게 비속한 표현(ㅇㅇ같은 녀, ㅇ을 함부로 굴리는 녀)을 지속적으로 사용한 경우에는 앞의 사항에 해당하지 않는다.

이는 성 관련 사안으로도 인식될 수 있는 중대한 사안이

므로 반드시 학부모와의 면담과 피해 학생의 보호 조치 유
무를 종합적으로 확인한 후 조치해야 할 사안이다.

모든 사안에 동일한 잣대를 적용하기보다는 학생 및 상
황의 특수성을 감안하여 융통성 있게 그 절차를 진행할 수
있는 형태이다.

군자는 지켜보고, 소인은 폄하한다
- 사이버 폭력

이 분야는 과거에는 없었던 새로운 유형으로 우리 사회의 변화와 발전에 더불어서 생기는 새로운 유형의 문제점이다.

사이버 폭력은 단독으로 발생하는 유형보다는 그 특수성에 기인하여, 언어적 폭력 및 심리적 폭력(소위 따돌림)과 그 궤를 같이하는 추세이다.

또한 이 행태는 해결하는 것이 가장 민감하고 어려운 분야이다.

과거에는 대다수가 개인 이동 통신인 휴대폰을 통한 폭력이 대다수를 차지하였다. 피해 학생이 증거를 수집, 보존하여 제출하여 조사가 진행되었다. 또한 증거가 명확하여 출처를 찾기가 용이하였다.

일단 가해 학생이 특정 및 확인하면 그 강도와 지속성, 그 의미에 기반하여 절차대로 진행이 가능하였다. 하지만 현재는 매우 큰 어려움에 직면하고 있다.

소위 개인정보 보호법에 따라 학교에서 일방적인 휴대폰 압수와 검색이 용이하지 않은 상황에 놓여 있는 것이다.

물론 가해 학생의 부모님이 흔쾌히 동의하여, 조사가 순리대로 진행되면 순조롭게 해결이 가능하다. 현실적으로 거부하면 방법이 없는 상황에 직면하게 된다.

여기에 더 큰 문제는 확인할 수 있어도 익명성에 기반한 폭력이 발생하고 있다는 점이다.

소위 '에스크, 페이스북, ○○방' 등은 애당초 출처를 찾기가 어렵고, 더욱더 교묘하게 그 기능을 진행하고 있는 실정이다.

이에 아쉽지만, 학교에서 지속적인 정보화 윤리 및 의식 개선을 교육이 필요하다. 사회 전반에 걸쳐 정보화 소양을 함양함과 더불어 철저한 신고 정신을 발휘하여 시간을 두고 해결해야 한다.

다행히도 정보화에 대한 사람들의 관심이 높아졌고, 개인정보에 대한 가치와 인식이 높아지는 추세여서 사이버폭력은 지속적으로 감소할 것으로 기대하고 있다.

'침묵의 암살자' 당신도 살인자인가?
– 심리적 폭력

왕따? 일본어로 '괴롭히다, 들볶는다.'라는 의미를 가진 동사인 이지메르(いじめる)를 명사화하여 만든 용어로 우리나라에서는 왕따라고도 한다. 전 학급이나 집단에서 다수의 구성원이 약자인 한 대상을 정해 놓고 집중적으로 괴롭히고 소외시키는 행위로 약하고 힘없는 대상을 괴롭히는 명백한 이유가 없다. 이지메를 당한 학생들은 육체적·정신적으로 깊은 상처를 입고 등교를 거부하거나 심지어 자살하기도 한다. 우리나라에서도 1990년대 들어서면서 집단 따돌림이 심각한 사회문제로 부상하였다.(출처: 네이버 지식백과)

소위 주변국의 나쁜 속성이었던 이지메르가 우리나라에 전파된 후 변질되어 나타난 대표적인 병리 현상이다.

더욱 안타까운 점은 행위 자체도 경멸스럽지만, 일본의 경우 초창기에 주요 대상은 약자가 아닌 모든 것을 가진

자에 대한 공격이었다.

 우등생, 뛰어난 외모, 부유한 환경, 좋은 인성 등 선생님
과 주변 칭찬의 정점에 놓여 있는 학생에 대한 개인적, 사
회적 반감에서 비롯되어, 약자에게로 투영되는 과정을 거
치게 되었다.
 하물며 우리 사회에서는 처음부터 약자를 대상으로 진
행되었다. 더욱 큰 문제점은 이 놀이에 참여하지 않는 개
인에게도 그 피해가 미치게 된다는 사실이다.

 다행히도 사회 각계각층의 다양한 노력과 지속적인 홍
보, 제도적 보완으로 이 병리 현상은 현저하게 감소하는
추세로 접어들고 있다는 사실이다.

 요즈음 통계적으로도 유의미한 감소 추세를 보여, 사회
모두의 노력이 빛을 발하고 있다.
 하지만 그 발생빈도와 횟수는 감소하고 있지만, 내면을
자세하게 들여다보면 그 잔인성과 집요함이 더욱 정교해

지고 있다는 것을 확인할 수 있다.

　피해 연령이 점차 낮아지고 있다. 신고 시에 피해 학생에 대한 보복 조치는 상상을 초월하는 경우가 많다.
　또한 이 폭력은 궁극적으로 극단적인 선택을 하는 단초가 되는 분야라는 점에서 그 심각함을 더하고 있다.
　특정 개인을 심리적 궁지로 몰아, 무기력하게 만드는 것은 상상만으로도 끔찍한 일이다.
　학교 안·밖의 모두가 매의 눈으로 감시가 필요하다.

　특히 필자는 남학생들과 신체적 접촉을 인위적으로 많이 하는 편이다.
　불쾌감을 느끼지 않을 수준에서 업혀 가기, 계단 오를 때 손 잡혀서 올라가기 등을 통해 친밀감을 형성하고 있다. 이 행위를 통해 친밀해지면 일정 부분 발견해 내기도 한다.
　하지만 여학생의 경우는 제약이 따르므로 보건 교사와의 협조가 필수적이다.

결론적으로 단발성의 이벤트가 아닌, 구성원의 지속적인 관심과 이중·삼중의 안전망을 통해 사전 예방의 노력이 필요한 분야이다.

현재는 발생빈도가 감소함에 따라 새로운 유형이 등장하고 있다.

실제 피해자가 아닌 확증편향에 의거한 잠정적 피해 확인자가 다수 등장한다는 사실이다.

소위 '확증편향'에 의거 본인의 의사대로 상황이 전개되지 않으면 집단을 상대로 신고하는 추세이다.

'반 아이들이 저를 집단으로 따돌려요.'

'제가 지나갈 때 아이들이 제 욕을 하는 것 같아요.'

'아이들이 저와 모둠을 같이 하지 않아요.'

이런 내용으로 연속적으로 신고를 하는 경우가 발생한다.

특히 이 과정에서 생활지도 교사의 스킬과 역량이 가장 빛을 발하는 순간이다.

필자의 경우는 다 받아주고 위로의 말도 건네지만, 사안 성립이 안 됨을 절차대로 알려준다.

간혹 극성 학부모의 경우 사안 접수 후 '학교폭력전담기구'에서 학교장 종결제로 마무리하여 학교 측의 성의를 보여줌과 동시에, 당해 자식을 되돌아볼 수 있는 기회를 제공한다.

또한 이 사안에서 학부모의 모순된 민원을 가장 많이 접수하게 된다.

'학교폭력 접수는 하고 싶지 않지만, 학교 측에 강력하게 재발 방지를 위한 행위 요구.'

'특정 학생과 반에 대한 교체 요구.'

이처럼 상식에 반하는 내용은 즉각적이고 단호하게 거절하여 빈틈을 제공하지 않아야 한다.

혹여라도

'담임 선생님과 대화를 나눠 보도록 하겠습니다.'

'관리자와 상의해 보도록 하겠습니다.'

이런 응대는 불필요한 희망과 나쁜 선례를 남길 수 있으므로 원천적으로 불가함을 알린다.

3장

위기관리와
아동학대

이 책을 집필하려고 마음을 다잡은 순간부터 가장 많은 고민과 어려움을 주는 부분이다.

아시다시피 인간의 사악함과 이기적인 행태를 십분 이해하더라도, 수많은 범죄와 타인에게 피해를 주는 행위 중 단언컨대 가장 용서와 이해가 어려운 분야의 이야기이다.

하물며 그 대상이 미성년자이면서 우리의 아이들이라면.

어이없게도 두 사안의 직접적인 가해자는 대체로 가장 가까운 사람들이다.

쉽게 말해서 학교를 제외하고 가장 많은 시간을 공유해야 하는 가족에 의한 발생빈도가 가장 높은 폭력의 유형이다.

극단적으로 표현하자면 학교를 제외하면 피해 아동에게 지옥문이 열리는 것이다.

더불어 이 폭력의 종착점은 대체로 극단적 선택으로 가는 경향을 보인다.

이에 두 사안을 함께 서술하는 이유를 밝히고 논지를 전개하도록 하겠다.

두 사안은 학교폭력과 그 성격을 달리하고 있다.

이는 학교폭력은 예방에 주력하고 발생한 이후 균형 있고 공정하게 조치하면 다시 일상으로의 복귀가 대체로 순조로운 편이다.

하지만 아동학대 사안은 예방이 어렵다. 또한 발견한 후 조치하더라도 일상으로의 복귀가 어렵고 그 효과도 육안으로 확인되지 않는 문제점을 가지고 있다.

또한, 동료 교사와의 협업이 무엇보다도 절실하게 요구된다.

이는 폭력 사안의 경우 진위 여부와 잘잘못을 판명해야 하기에 법적인 절차와 기능이 요구되지만, 이 사안은 보호와 배려 및 공감의 영역이다.

이에 보건 교사 및 상담 교사의 역량이 개입되는 공간이다.

그 일례로 21세기 대한민국은 최첨단 정보화 시스템 및 전산화에서 지구 정점에 있다. 시간과 공간을 초월하며 모든 것이 가능한 시대의 최정점이다.

또한 공공 분야에서도 이중, 삼중의 사회 안전망을 가동하여 복지와 빈곤층의 발굴 및 혜택을 주고 있다.

그럼에도 불구하고 수많은 공적 시스템이 사각지대에 방치된 결식아동과 부모에게 매 맞아 죽는 아이를 발견하지 못하고 있는 현실에 직면하고 있다.

학교 현장도 이와 다를 바 없다.

굳이 이런 분야까지 학교에서 해야 하는가에 대한 볼멘소리도 나올 수 있다.

필자도 동의하고 아쉽지만, 이 논의는 제쳐두도록 하겠다.

냉정하고 신속하고 집요하게!

대다수의 피해 아동은 부끄러움과 오랫동안 학습된 무기력, 더불어 부모에 대한 과잉 의존(연구 결과 아동학대의 피해자는 부모에 대한 기대의존도가 또래 아동보다 평균치 이상으로 높음)으로 인해 본인의 심각성을 인지하지 못하는 경우가 많다. 이에 신속하게 법적 절차에 돌입하고 위기관리위원회의 가시적인 성과(병원 진료비, 긴급 생계 지원비)를 도출하여 효과적이며 즉시 개입하는 것이 바람직하다.

필자의 경험에 의하면, 의지만 갖추면 학교에서 항목을 수정하여 지원할 수 있는 가용 예산이 상당히 많으며, 또 지원한 경우가 많다.

지구는 둥글지 않다, 의심하자! 더 의심하자!

두 사안으로 관련 있는 사람들(가해 의심)과 대화해 보면 대다수가 발뺌 내지는 자기 행동을 합리화시키는 데 열을 올린다.

물론 관련 학생의 진술을 전적으로 믿는 우를 범해서도 안 된다. 성인의 경우에도 위기에 처하면 자신의 합리화를 진행하게 된다는 것을 인지해야 한다.

아울러 처리 절차에 대해 상세하게 안내하여 후속 조치에도 만전을 기한다.

예외는 없다, 70억 모두에게!

사안을 접수하고 처리하는 과정에서 관련 학생(고위험군 학생 및 아동학대 피해자)들과 상담을 진행하면 안타까운 마음을 금할 길이 없다.

하지만 어설픈 동정보다는 상황을 냉정하고 신속하게 파악하여 매뉴얼에 의거 처리하는 것이 가장 현명한 방법이라는 것을 다년간의 경험을 통해 알게 되었다.

당장은 환부를 도려내는 아픔이 있을지라도, 새살이 돋아나는 역할이 최일선인 학교에 주어진 몫이라고 생각하고 업무에 임하는 자세가 필요하다.

이에 필요한 것들은 표준 절차다.

먼저 관리자에 대한 철저한 보고 체계의 준수이다. 지금은 많이 사라졌지만, 과거 민감한 사안들에 대해 회피 내지는 축소 성향의 관리자가 많이 있었다. 현재는 용인되지 않는 태도이며, 그런 가치관의 관리자도 없을 것으로 판단된다.

여기에는 상급 기관으로의 유선 및 공문도 포함되어 있다. 이후, 핵심 관계자들은 본인의 역할을 인지하고 규정에 따라 맡은 바 업무를 분담 처리하면 된다.

이상으로 위기관리 및 아동학대의 기본 매뉴얼에 대해 살펴보았다. 많은 분이 공감하시겠지만, 제도와 표준화된 매뉴얼은 나침반에 불과하다.

물론 중요하지만 실제로 나침반을 읽고 판독할 수 있는 일등 항해사가 없다면 그저 움직이는 신기한 바늘에 불과할 뿐이다.

힘들고 알아주지 않아도 우수한 항해사의 자질을 우리는 길러야 한다.

```
                        위기관리위원회 총괄(학교장)
                                                              협조기관
```

자살예방팀		사안처리팀		사후위기관리팀		협조기관
역할	담당교사	역할	담당교사	역할	담당교사	
위기관리위원회 구성 및 계획수립	학생안전부장 및 학생건강업무담당교사	위기관리위원회 소집	학교장	생활지도를 통한 자살 전염 방지	학생안전부장	변호사
생명존중 교육실시	학생건강업무담당교사	사안처리팀 지휘 및 언론담당	교감			경찰서
학교교육계획에 생명존중 교육시간 확보	교무기획부장	학생자살 사안확인 및 관련 서류보고	학생안전부장			소방서
학생정서행동특성검사, 자살징후 학생상담관리 및 교직원 상담기술 증진	전문상담교사	외부전문기관 협조요청	학생건강업무담당교사	자살 발생 후 주위 학생, 유가족 사후 지원	전문상담교사 및 담임교사	wee센터
학적변동학생 정서행동자료 관리	전출입업무담당자	자살 발생 후 주위 학생, 유가족 및 교직원등에 대한 지속적인 관리방안 수집 및 지원	전문상담교사 및 담임교사			응급의료센터
위험시설관리	행정실장					
자살징후 학생관찰 및 관리	담임교사					

위기관리위원회 구성. 경상북도교육청 자료집

아동학대 **예방 및 대처**

아동학대 피해아동 보호 및 지원

관련근거
- 아동학대범죄의 처벌 등에 관한 특례법 제35조 제3항
- 아동복지법 제29조, 제45조, 제46조
- 학교생활기록 작성 및 관리 지침

✔ 주요내용

① 피해아동 보호를 위한 비밀엄수
- 피해아동의 신변 보호 및 재학대 방지를 위해 직무상 알게 된 비밀 누설 금지

② 피해아동 취학지원 및 학적관리
- 비밀전학: 아동보호전문기관 요청 시 적극 협조
- 등교학습지원: 학대피해아동이 거주하고 있는 보호시설의 지리적 요건이나 재학 중인 학교의 제반 사항을 종합적으로 고려하여, 지자체장의 요청에 따라 원적교가 아닌 학교에서 임시적으로 교육활동을 지원
- 학적처리(출석인정): 피해아동을 보호하고 있는 아동보호전문기관의 요청 시 학교는 적극 협조

- 피해아동의 취학, 전학 또는 입소 사실을 누구에게든지 누설하여서는 안 됨
- 비밀엄수의무 위반 시, 3년 이하 징역 또는 5년 이하 자격정지 또는 3천만 원 이하 벌금

아동학대 예방 및 대처 기본법률. 경상북도교육청 자료집

4장

성폭력

이 장은 워낙 민감하고 사회적 파장이 큰 점을 고려하여 필자 개인의 사견을 전개할 시 혼란을 야기할 수도 있기에 본인의 의견을 철저하게 배제할 예정이다.

대다수는 '학교폭력 길라잡이', '업무 담당 연수자료'에 의거 사회적 합의와 검증을 마친 내용 위주로 전달함을 미리 밝혀둔다.

학교의 장 및 교직원의 즉시 신고 의무

학교의 장을 비롯해 교직원은 직무상(내담자의 상담 과
정, 학교폭력 신고접수) 아동·청소년 대상 성범죄의 발생
사실을 알게 된 때에는 즉시 수사기관(112)에 신고하여야
한다.

피해 학생의 비밀보호 준수

　성폭력 피해 학생의 사생활 보호 및 개인정보 등은 철저하게 보호되어야 한다.

　따라서 학교장 및 관련 교원을 제외하고는 이와 관련된 사실을 알지 못하도록 철저하게 비밀을 보호하여 행위에 따른 2차 피해를 방지하도록 노력한다.

피해 학생의 보호 조치

피해를 본 상황에서 착용했던 옷을 세탁하거나 신체를 세신하는 등의 증거를 소멸시키는 행동을 하지 않으며, 가능한 한 빨리 의료기관에 방문한다.

피해 학생이 정신적 피해를 심하게 입어 학교에 등교할 수 없는 경우, 관련 상담 센터 및 의료기관과 연계하여 후속 조치를 강구한다.

가해 학생 조치

학교의 장은 긴급조치를 통해 피해 학생과 분리한다.

필자가 이 분야에 개인적인 생각을 포함하지 않는 이유를 조금만 서술하도록 하겠다.

수년간 적지 않은 횟수의 성 관련 사안을 처리하였다.
처리한 사안 중에는 중대 사안도 포함되어 있고, 이성적으로 평가가 어려운 사안도 포함되어 있었다.

그런데도 이 사안은 정형화를 통해 표준화가 매우 어려운 내용들이다.
각각의 사안 및 해당 학생의 성향, 부모들의 극단적인 반응(무반응 부모, 세상이 무너지는 아픔을 표현하는 부모, 금전적 대가를 요구하는 부모)의 모습을 보고 있자면 문자나 글로서는 그 아픔과 해결을 표하기가 어렵다.

개인적 판단이지만 경험 많고 우수한 지도 교사를 통해 도제식의 교육을 받아 스킬을 함양하는 것이 가장 좋은 수단이라고 판단이 된다.

혹여나 하는 노파심에 두 가지를 추가하고자 한다.

첫째, 교사와 연관이 되었을 시 더 엄격하고 냉정하게 조치해라.

둘째. 성 관련 사항에 어떤 믿음도 가지지 마라.

학교폭력을 정리하면서 마지막으로 강조하고 싶은 부분을 위에 서술하였다.

교사 부분은 이제는 제도적으로 정착이 되어서 큰 논란이 없지만, 과거 엄폐, 축소, 조작의 온상이 바로 이 부분이었기에 다시 한번 새기자는 의미에서 서술하였다.

'믿음을 가지지 마라'는 의미는 성에 관해 대다수 학생, 아니 모든 학생은 거짓말을 한다는 전제하에 사안에 임하라는 뜻이다. 경험상 어떤 학생도 이 분야에서는 진실을 쉽게 내어놓지 않는 경험을 무수히 많이 하였다.

구체적으로 서술을 하자면 끝이 없는 분야이다.

'미성년자 의제강간, 유사 강간, 디지털 성범죄' 등과 이를 밝히기 위한 '지루한 법정 공방, 디지털 포렌식 등….' 다만 발생하지 않기를 기원한다.

철저한 예방교육과 성 인지 감수성을 함양하는 것이 장기적으로 가장 효율적인 대책이 될 것이다.

5장

학생
선도

필자가 졸렬한 필력에도 불구하고 이 책을 쓰게 된 계기는 사실 이 장에 있다.

초창기 필자의 의견에 반해 학생을 전담하는 부서를 맡게 되고, 또 책임자가 되면서 많은 어려움과 위기를 경험하게 되었다.

가진 것은 열정밖에 없는 상황에서 시대적 흐름은 체벌은 금지되고 학생의 인권은 향상되는 것으로 흘러가고 있다. 또한 극성 학부모의 과도한 민원이 밀려오는 시기의 정점에 들어서게 되었다.

열심히 해서 해결이 된다면 별다른 문제가 없겠지만, 학생부의 업무 특성상 '열심히'보다 '정확하고 잘'해야 함을 알고 있었다.

다행히 주변의 선 · 후배 동료 교사들의 적극적인 도움과 혜안으로 슬기롭게 전진할 수 있었고, 이제는 중견의 입장에서 미약하나마 조언을 할 수 있는 위치에 놓이게 되었다.

덧붙여 가장 많은 도움을 준 동료 교사가 있다.

실명을 거론할 수 없지만, 훗날 이 책을 받아보게 된다면 당사자는 당신의 이야기인 줄 알 수 있을 것이다.

일단 외모는 불합격이다.

음, 지리산 반달곰과 21세기 표준형 대한민국의 성인 남자의 중간에 있다. 하지만 학교폭력에 관해서 정말 번뜩이는 기재를 발휘하고 있다.

그 예로써 필자가 질문을 하면, 질문의 답에 그치지 않고 왜 필자가 이런 질문을 하는지 먼저 파악하여, '기-승-전-결'로 답을 제시해 준다.

더불어 현재 나의 질문과 답이 어디에 있는지 정확하게 알려주어 빠르게 성장할 수 있는 자양분이 되었다.

현재 부족한 지식이지만 필자도 주변 동료에게 위와 같은 방법의 도움을 주고 있다.

본격적으로 논의를 전개하도록 하겠다.

초기 집필의 목적은 학교폭력은 정형화, 표준화가 완성되어 있어 그 해결과 적용이 누구라도 맡을 수 있는 수준까지 발전하게 되었다.

하지만 학교 급별로 조금씩 상이한 선도 과정은 표준화가 될 수가 없다.

학교 급별로 상이한 징계 규정, 학교 규정집의 등재 여부, 학교의 전체적인 이미지, 관리자의 의지 등이 상이하여 같은 행위에 대해서도 다른 과정과 결과를 불러오게끔 되어 있다.

이에 원대한 포부를 가지고 표준적인 상황과 사례를 제시하여 도움을 주고자 하여 글을 완성하고자 하였다.

하지만 아쉽게도 방향을 선회하게 되었다.

기존에 작성했던 내용들을 대부분 삭제하고, 더위가 물러가는 이 시기에 다시 졸필에 의존하고 있다.

그 이유는 얼마 전 서울의 한 초등학교 교사분이 유명을 달리하셨기 때문이다. 이 자리를 빌어 삼가 고인의 명복을 빕니다.

비록 일면식이 없었지만, '무엇이 20대 여교사를 죽음으

로 내몰았을까?' 하는 생각이 머리를 떠나지 않았고 이에
집필의 방향을 선회하게 되었다.

초기 집필에서는 가장 많이 발생하는 흡연, 상 벌점 제
도, 새로운 화두로 등장하고 있는 마약, 기타(절도, 음주)
등으로 구분하여 집필하였다. 현재 여건상 그 의미가 퇴색
되었다고 판단하여 과감하게 삭제하고 새롭게 구성했음을
다시 한번 알리고자 한다.

더불어 우리 학교, 나, 나의 동료에게서 발생하는 문제
를 절댓값으로 두기보다는, 우리가 모두 공감할 수 있는
주제로 변화하고자 하였다.
물론 필자의 재능과 호소가 미약하여 묻힐 수 있겠지만,
그럼에도 불구하고 우연히 이 책을 보는 한 사람은 각성하
지 않을까 하는 희망을 생각해 본다.

두레, 품앗이 우리 몸속의 DNA
- 협력

대전제이다. 이것만 된다면 학교에서 발생하는 모든 문제의 8할 이상은 해결될 것이라 믿어 의심치 않는다.

역설적으로 가장 실현하기 어려운 게 사실이다.

학생부에서 우스갯소리로 하는 멘트가 있다.

'눈을 감고 다니면 제일 편한 곳이요, 눈을 뜨고 다니면 제일 힘든 곳이다.' 눈치 빠른 분들은 알아채셨겠지만, 학교에 대한 설명이다.

나에게 피해가 오지 않을 시 학생들의 잘못된 행동이나 상황을 그냥 외면하는 것이 만연해진 오늘날 학생들은 이미 그 상황을 알고 즐기게 되는 것이다.

간혹 선생님의 정당한 지도와 지시가 주어지면 순응보다는

'왜 저한테만 그래요.'

'왜 저 학생은 잡지 않아요.' 등의 반응이 나타나는 현상을 많이 목도했을 것이다.

이는 특정한 개인의 노력으로 해결되지 않는다.

이런 상황이 지속되면 학생들은 열성을 가지고 지도하는 교사만을 회피하는 전문가가 될 것이다.

협력의 중요성은 아무리 강조해도 지나치지 않는다.

모든 조직에서 강조하고 있지만, 이 또한 쉽게 지나치는 항목 중 하나이다. 그 중요성 및 결과가 가져올 수 있는 변화의 물결을 사례와 함께 제시하고자 한다.

몇 년 전 전임학교에서 있었던 일이다. 퇴근 시간이 조금 지났을 때 교무실에서 긴급하게 전화가 왔다. 학교 인근의 아파트 옥상 구조물에 학생들이 올라가 있는 상황이었다. 매우 위험한 것으로 판단되는 행동이라는 것이다.

필자가 있던 장소에서는 보이지 않는 장소여서 급하게 교무실로 이동하여 확인하였다. 확인 결과 경악할 만한 상황이었다.

조금 오래된 20층 아파트는 복도식 구조로 되어 있었다. 지금과 달리 출입이 자유롭고 특히 옥상으로 향하는 통로에는 잠금장치가 설치되어 있지 않았다. 또한 옥상 상층부에는 약 7M 높이의 환기구 건물이 별도로 설치되어 있었다. 이곳에 여학생 3명이 올라가 셀카를 찍으면서 놀고 있는 것이었다.

모골이 송연하였고 본능적으로 몸이 반응하였다.

먼저 교무실에서 연락을 주신 선생님에게 상황 종료 시까지 대기를 부탁드렸다. 동시에 학생부 동료 선생님과 함께 차량으로 다급히 이동하였다. 다행히 주차장에서 퇴근을 준비하던 체육과 선생님이 시동을 건 상태로 있었다. 약식으로 상황을 설명함과 동시에 그 차량에 동승하여 최단 시간에 아파트에 도착하였다.

만약의 사태를 대비하여 동승한 교사에게 상황 설명과 함께 해당 관리실에 해야 할 절차를 전달하고 방송을 준비시켰다. 필자는 동료와 함께 아파트로 이동하여 옥상에서 학생들이 안전하게 내려올 수 있도록 조치를 취하였다.

최초 상황 인지 후 약 9분 만에 상황이 종료되었다.

물론 교사들이 움직이지 않았더라도 아무 일도 발생하지 않았을 것이다. 평소 모범적이고 규칙을 잘 지키는 학생들이었기 때문이다.

여기서 필자가 강조하고 싶은 것은 일의 처리 과정과 교사의 신속한 움직임의 중요성과 협력이다.

최초로 인지한 선생님이 그냥 방관했다면,

최초로 인지한 선생님이 우리 학생이 아니겠지 했다면,

최초로 인지한 선생님이 별 대수롭지 않게 지나쳤다면,

필자의 삶에서 몇 안 되는 빠른 속도로 움직인 것이다. 다른 분들도 동일한 반응으로 행동하셨다.

대가는 없다.

그냥 하는 것이다.

그것이 우리의 몫이기 때문이다.

안전하게 귀가시킨 후 교무실에서 7명의 선생님이 커피를 마시면서 담소를 나누었다. 힘들었지만 오늘도 무사히 하루를 보내서 다행이라고.

우리가 보지 못했고 출동하지 않았더라도 사건은 발생하지 않았을 수도 있다. 하지만 조금의 관심이 모이고 모두가 각자의 몫을 나누어 가지면서 더 좋은 결과가 도출된 것이다.

　작지 않은 기쁨과 안도감이 우리를 감싸는 좋은 느낌이다.

You Go, We Go
- 소통

교사들이 기피하는 학교가 있다.

과거에는 관리자의 별난 성향이 기피의 주된 이유일 수 있었지만, 현재는 큰 변수가 될 수 없다. 알다시피 보직을 맡지 않는다면 별다른 마찰이 발생하지 않기 때문이다.

하지만 핵심 구성원인 학생들이 문제가 있다면 이야기는 달라질 수 있다.

필자가 단언컨대 그 학교의 규율과 교사의 만족도를 확인하는 가장 확실하고도 정확한 척도는 바로 '선도협의회(혹 선도위원회라고 불리기도 함)'에 임하는 학생들의 자세에서 알 수 있다.

규율이 바로 서 있고 정상적인 학교는 학생들이 선도위에 회부되는 자체에 부담을 느끼게 되고, 징계 이행 과정에서도 엄격한 규칙이 적용된다.

일례로 대다수의 학교에서 진행하고 있는, 아침 캠페인 활동 시 징계 대상 학생들의 복장과 자세를 보면 그 학교의 수준과 규율의 현주소를 파악할 수 있다.

반대의 경우, 선도위에 대한 부담이 전혀 없으며, 징계 조차도 우습게 여기는 학생이 등장하는 순간 '도미노 이론'에 의해 한순간에 무너지게 된다.

많은 분이 이 사실에 동의하실 것으로 믿어 의심치 않는다.

처음이 어렵지 모든 인간은 내성을 가지게 된다.

이런 부류의 학생이 뒤에는 무기력하거나 혹은, 심정적으로 포기한 부모가 반드시 존재한다.

드디어 중전제 '원칙'이 등장해야 하는 시기이다.

필자는 선도위 회부에 매우 신중을 기하는 편이다(인위적으로 봐준다는 의미는 아님).

하지만, 징계가 내려지면 끝까지 단호하고 정확하게 실행을 시켜 완수하게 만든다.

혹여나 징계 이행이 느슨해지면 이후의 학생들에게 징계의 기준은 느슨해진 상황이 되는 것은 자명한 사실이고 이후 선도위의 징계는 아무런 처벌의 효과를 가지지 못하기 때문이다.

필자가 경험한 대표적인 악성 사례를 소개하고자 한다.

학교를 옮기고 근무하게 된 학교에서 3개월 동안 4번의 학교폭력과 횟수를 확인할 수 없는 선도위와 상습적인 교권 침해를 자행하는 학생을 목격하였다.

이미 이 학생은 제도권의 규율로는 더 이상의 계도가 불가능하다.

해당 학생도 연속되는 징계에도 불구하고 아무런 죄책감 없이 학교에 태연하게 등교하는 모습을 바라보면서 많은 교사가 심한 자괴감에 빠진 것은 당연한 일일 것이다.

다행히 학교 구성원이 단합하여 모든 내용을 총합하여 '학교장 통고제'에 대한 압박을 통하여 해당 부모가 대안교육을 선택하여 일단락되는 과장으로 마무리가 되었다.

이런 사례들이 전국 각지에 무수히 많을 것이다.

이 지경까지 온 것에는 교사들의 무관심과 무능도 적지 않은 지분을 가지고 있다.

우리가 우리의 권리를 지키지 못한 상태에서 누구를 탓할 수 있을까?

다행인지 불행인지, 꽃다운 분들의 불행한 선택으로 인해 학교 현장에 경종을 울리게 되었고 상대적으로 우호적인 여론이 형성되어 있다.

하지만, 여론은 바람과 같아 언제든지 바뀔 수가 있다.

개혁의 적기가 온 지금 일치단결하여

'더 나은 학교'

'학생과 교사가 웃는 학교'

'교사가 자유롭게 정년퇴직할 수 있는 학교'의 출발이

지금, 여기에 있다.

학생들에게 야영, 현장 체험학습, 수학여행은 학교생활 중 낭만의 결정체이다. 물론 교사들에게는 정말 걱정과 힘듦, 괴로움의 결정체이다.

하지만 사명감으로 대부분 하고 있다. 아이들의 웃는 모습과 기대감, 설렘, 그 시간 동안의 자유와 해방감을 생각하면서 대부분 희생과 고생을 감내하신다.

필자의 학교는 현장 체험학습(소풍)이 거의 한 곳으로 정해져 있다.

인근 광역시의 'ㅇ월드'에 가는 것이다. 몇 년 전 행사를 마치고 차량 탑승 중 우리 학교 학생과 다른 학교 학생 간의 사소한 다툼이 발생하였다. 이를 여선생님이 목격하고 사태를 수습하였다.

이 과정에서 다른 학교 학생이 불손하고 건방진 태도로 우리 학교 선생님을 대하였던 것이다. 익일 이 소식을 접하고 도저히 묵과할 수 없다고 판단하였다.

이에 'ㅇ월드'에 전화해서 그날 행사한 학교를 파악하고 학생들의 증언을 참고하였다. 그 결과 광역시에 있는 학교와 학생을 파악할 수 있었다. 그리고 해당 학교의 담당 교사와 여러 차례 통화하여 해당 학생의 문제점을 정확하게 전달하였다.

단순히 사과로 끝낼 수 있는 사인이었지만 그렇게 하지 않았다. 정확하게 교권 침해의 사안을 기재하였고 법률적 절차에 따라서 조치할 것을 통보하였다. 다만 선행조건으로 해당 학교 관계자와 학생, 친권자가 직접 내방하여 정식으로 사과하면 법률적 조치를 하지 않겠다고 통보하였다.

그 결과, 3일 후에 해당 학교 관계자와 학생, 학부모가 우리 학교를 방문하였다. 정식으로 사과와 재발 방지를 약속받고 사안이 마무리되었다.

그냥 '재수 없이 봉변당했다.'라고 치부할 수도 있다.

하지만, 박봉에 과거에 비해 권위도 약해지고 사회적 존경도 없는 상황에서 이런 모멸감까지는 견딜 수 없다고 판단되었다. 비록 피해 당사자가 내가 아니었지만….

해당 선생님이 매우 고마워하셨다. 답례로 별다방 커피를 많이 사다 주셨다. 오랫동안 맛있게 먹을 수 있었다. 구성원들 조금의 수고가 당사자에게는 심리 회복과 자신감을, 누군가에게는 동료에 대한 헌신과 보람으로 남는 것이다.

지금도 그 선생님과 여전히 교감을 나누고 있다.

너는 나를 넘어설 수 없다
- 로드(Road)

마지막 소전제이다. 인생에서 배우자를 선택할 때 필수 과정인 상견례가 있다.

어린 시절에는 '내가 선택하고 나와 인생을 만들어 갈 사람인데, 왜 이런 번거롭고 귀찮은 일을 해야 할까?'라는 철없는 생각을 한 적이 있었다.

하지만, 삶의 원숙기에 접어든 지금에서야 왜 그런 과정이 필요한지 알게 되었다.

즉 인생의 거울, 그 부모의 모습에서 자식의 모습을 보려는 삶의 지혜를 알게 되었다.

결론적으로 한 학생을 파악하기 위해서는 순간이 아닌 그 학생의 연속성에 주목해야 한다.

"교문 → 교실 → 교우 관계 → 생활 태도 → 가정"

이 연결 고리를 종합적으로 파악하여 문제 해결의 단초

로 삼아야 한다는 것이다.

아침 등교 지도 시 조금의 관심만 가지고도 학생들의 변화 양상을 파악할 수 있다.

늘 함께하던 친구와 동선이 어긋난다면, 이는 교우 관계에 변화가 있음을 알 수 있다.

구체적 사례를 제시하겠다.

교문: 아침 등교 시 복장 관리에 조금만 주의를 기울여도 학교문화가 급속도로 바뀌게 됨을 즉각적으로 느낄 수 있다.

교실: 수업 타종 시 모든 교사가 즉시 움직이고, 아울러 동일한 잣대로 늦게 입실하는 학생에게 주의나 경고 조치를 가한다면 3일 이내에 학생들의 행동을 개선할 수 있다.

생활 태도: 급식이나 활동 시간 시 엄격한 규칙을 적용하면 역시 즉각적인 행동 개선을 유도할 수 있다.

선도는 학교폭력에 비해 학교의 재량권이 작용할 수 있

는 방법으로 학교의 역량과 힘이 결합하면 학교문화를 개선할 수 있는 최고의 무기이다(물론 적법절차에 의거하여 행사하여야 하며 은폐 축소를 의미하는 것이 아님을 밝힘).

반면에 형식에 치우치고 사후 관리가 되지 않는다면 학교 통제력의 상실뿐만 아니라 차후 학교 규율을 지켜나가는 원동력을 상실하게 되어 심대한 위기에 봉착하게 된다.

현재 교권이 추락한 학교는 틀림없이 선도위의 기능이 제대로 작동하지 못할 것이다.

학생을 처벌하자고 주장하는 것이 아니다.

정확하고 각자에게 그의 몫을 주는 것이 세상의 진리임을 깨우쳐 주자는 것이다.

이처럼 구성원의 적은 노력이 더해질 때 우리의 권리는 신장할 수 있다.

6장

사례
및
민원 관리

필자는 근래에 아주 유용한 기회를 얻게 되었다.

평교사의 입장에서 중간 관리자 60여 명을 대상으로 하는 '학교폭력 예방 및 역량 강화 연수'에 대표 강사로 초빙되어 강의를 할 수 있는 기회를 받은 것이었다.

나름 많은 준비를 하였고, 분에 넘치는 칭찬도 받은 기억이 새롭게 떠오른다.

강의 후 느낀 점은 민원에 대한 극명한 시각의 차이였다.

평소 친분이 있던 분들과 담소를 나누는 과정에서 민원을 바라보는 관점과 처리 과정에 대한 의견이 상당한 괴리감을 나타내고 있다는 사실이다.

쉽게 말해 일반 평교사 입장에서 민원(정상적이고 합리적인 요구)은 해결해야 할 과정의 하나이지만, 관리자 입장에서는 피하고 싶고 원천적으로 발생하지 말아야 한다는 생각이다.

이는 달리 말해서 민원 발생과 그에 뒤따르는 소란에 대해 관리자는 책임을 지고 싶지 않다는 신호를 보내는 것으로 해석될 수 있다.

물론 수많은 훌륭한 관리자도 많이 있고 존경의 대상이다.

불편하게도 이는 민원의 원인 소재를 평교사에게 책임 전가하는 방식으로 전개될 것이 자명한 사실이다.

이는 많은 교사와의 대화에서도 확인되는 슬픈 현실이다.

같은 편에서 같은 곳을 향해 달려가야 함에도 불구하고, 정작 힘든 시기에 손을 잡아주지 못하는 상황은 더욱 현장 교사의 열정과 사기를 약화하는 요인이다.

민원 발생 시 민감한 사안은 반드시 보고 체계를 통해 사후 처리를 완성하라고 조언하고 싶다.

이는 관리자를 끌고 들어가라는 의미가 아니라, 법적 책임과 권한의 경계선을 분명하게 하는 것이 문제 해결의 열쇠가 되기 때문이다.

이제 본격적으로 민원 응대 시 필요한 원칙에 대해 논의를 전개해 보자.

민원인에게 이성과 상식을 기대하지 말자

젊은 시절에 과격하고 예의 없는 학부모와 전화기 너머로 고성을 주고받으며, 토론이라고 부르고 싶지만 실제로는 악에 받친 고함 수준의 대화를 한 경험이 많았다.

당시에는 참을 수 없었고 용서할 수 없다고 생각되어서 행하였지만, 돌이켜보면 필자의 이해 폭과 관용의 범위가 부족했음을 시인할 수밖에 없다.

'이성과 상식을 기대하지 말자'라는 것은 절대다수의 부모는 자식 앞에서 못 할 것이 없다는 것이다.

이는 모든 행위와 잘못을 이해하자는 것이 아니다.

'우리 아이 옆에 앉은 애가 마음에 안 들어요.'

'담임 선생이 사랑이 부족한 것 같아요. 바꿔 주세요.'

정상적인 부모라면 감히 할 수 없는 대화와 행동을 학교 측에 요구하는 악성 부모는, 이미 자신의 행위가 상식과 사회적 합의를 벗어나고 있음을 이해조차 못 하는 것이다.

이는 맞서 싸울 것이 아니라, 병원에 진료를 의뢰해야 하는 상황이다.

군이 나의 에너지와 열정을 낭비할 필요는 없다.

민원사례-1

과거 학부모 민원과 필자의 해결 과정을 소개하고자 한다.

신학기에 학부모가, 당신 자식이 부쩍 성장하여 학교 체육복이 짧아졌다고 항의하면서 체육복의 예비단이 너무 부족하다며 민원을 제기하였다.

앞으로는 체육복의 예비단도 10㎝ 정도로 여유 있게 만들어 달라는 것이 핵심이다(대다수의 정상적인 학부모는 새롭게 구매한다).

황당하고 어이없고 기가 차는 마음이었지만, 가정 형편이 어렵다는 가정하에 친절하고 상세하게 응대해 주었다.

'체육복 공동구매는 학교운영위원회의 결정이 필요한 사항이며, 이는 학교 구성원 과반수의 참석과 의결로 새로운 조항을 삽입·수정이 가능한 사안'이라고 절차적 방법을 알려 드리고, 정말 의지가 있으시면 행정실에 문의하여 운영위원장과 통화할 것을 권해 드렸다.

이후 아무런 변화가 일어나지 않은 것을 고려하면 운영위원장과 통화를 하지 않은 것으로 판단이 된다.

이처럼 생각 없이 즉흥적으로 일어나는 민원은 웃으면서 응대하자.

오늘도 공부하자

인생의 반환점(평균수명 90세 기준으로 약 45세를 가정함)을 중심으로 45세 전후에도 '교사처럼 공부를 많이 하는 직업군이 있을까?'라는 질문을 자신에게 던져 보았다.

대학 교수를 제외하면 아마도 없을 것으로 판단된다.

하물며 지금도 공부를 많이 하는 직업군인데 '왜 공부를 하자고 할까?'라고 의구심을 가지겠지만, 지금의 공부는 남을 위한 것이지만 이 공부는 나를 위한 것이다.

그럼 '무엇을 공부할까?'라는 질문에 답은, 나를 지킬 수 있는 최소한의 법에 관한 공부이다.

예전에 선한 사람들을 대체로 '법 없이도 살 사람'이라고 부르며 훌륭한 인품의 보증서였다.

오늘날 위와 같은 사람을 다르게 표현하자면, 한마디로 '등신'이라는 뜻이다.

오늘날 모든 사안이 법률에 기초한 계약과 그 증명으로 움직이는 시대에 법을 모른다는 것은 21세기 전쟁터에서 '뗀석기를 들고 들판을 달려가는 바보' 그 이상도 이하도 아니다.

그럼 어떤 법을 공부해야 할까?

해답은 간단하다.

나를 지키는 법을 공부하는 것이다.

백 마디 말보다 필자의 사례를 통해 확인하는 것이 효과적이라 판단된다.

민원사례-2

심각한 문제 학생이 있었다. 심하게 어긋난 인성으로 인해 특히 여선생님들이 많은 어려움을 호소하였고, 예상한 대로 담임의 고충은 두말할 나위가 없었다.

이에 문제가 발생할 때마다 부모에게 유선 연락을 통해 상황의 심각성을 주지시키는 과정에서 학부모의 막말이 전개되었다.

담임교사에서 '18녀'의 말을 시전하였고, 이에 필자가 연락을 취하게 되었다.

물론 관리자가 하는 것이 보편적이지만, 반응을 보이지 않았기에 필자가 하게 되었다.

통화를 시작하였고, 사과를 요구하였다.

그 과정을 대화체로 서술하겠다.

교사 "아버님 막말에 대해서 사과해 주십시오."

학부모 "네가 뭔데 지랄이야. 개 ○○야."

교사 "아버님 자제분 일로 화난 것은 이해가 되지만, 그런 막말은 받아들일 수가 없습니다. 정중하게 사과하신다면 책임을 묻지 않겠습니다. 사과해 주십시오."

학부모 "네 마음대로 해 ○ 같은 개 ○○야."

교사 "네 제가 민원24에서 주민등록등본을 떼서 자제분을 통해 아버님께 전달하도록 하겠습니다. 저희 부모님이 개라는 것을 증명하세요. 그래야 내가 개가 될 수 있으니….

만약 증명하지 못한다면 허위 사실적시 명예훼손으로 법적 절차를 진행하겠습니다.

아울러 저는 학부모에게 이런 취급을 받고서 수업을 진행할 수 없습니다.

정신적 충격으로 인하여 병원에 입원할 예정이니 차후 발생하는 비용에 대해서는 정신적 위자료 및 구상권을 청구할 생각입니다.

더불어 이 모든 사항에 대해 민사·형사상 법적 절차에 돌입할 예정입니다. 또한 절대 선처 없습니다.

궁금하신 사항은 ○○ 교육지원청 전담 변호사와 상담하시면 됩니다."

어떤 결과가 나올지 상상이 될 것이다.

참고로 이후 다시 사과를 요구하였고, 약 1시간의 여유를 주었더니 해당 학부모가 직접 학교로 와서 정식으로 사과하고 마무리되었다.

물론 정식으로 법적 절차를 진행할 생각은 없지만, 이처럼 막무가내의 경우에 법적 경고 조치는 강력한 효과를 가질 수 있다.

어렵지 않다.

그냥 외우자.

뜨거운 가슴, 차가운 지성

이미 우리는 꽤 괜찮은 교사들이다. 자부심을 가지자.

과거 동료이자 후배 교사를 크게 질책한 적이 있다.

그냥 친절하게 설명할 수도 있었는데, 격한 감정을 그대로 토해낸 것 같다.

왜 그랬는지 돌이켜 보면, 후배 교사의 태도에서 '차가운 가슴, 무감각한 지성'을 보았다고 생각되어 격하게 감정을 나타낸 것 같다.

민원사례-3

나이 많고 언뜻 보기에도 넉넉하지 못한 할머니가 학교에 방문하셨다. 조손 가정의 손자가 학교폭력 가해자라는 연락을 받고 오신 것이다.

다음 상황은 선생님들도 쉽게 상상이 되는 상황의 연속이다.

'원래 착했는데 엄마, 아빠와 떨어지고 나서부터 이상해졌다.'

'다 못 배우고 못난 이 할미 탓입니다.'

'또래 애들처럼 넉넉하게 해주지 못해서입니다.'

충분히 있을 수 있고, 또한 사람 사는 곳에서 일어난 일이기에 이해할 수 있다.

여기서 후배 교사가 그 할머니에게 학교폭력이 절차와 절차가 진행될 시 받을 수 있는 법적 불이익, 즉 학교폭력 조치 1호에서 8호까지를 설명하고 차후 생활기록부 기재 시 유의 사항에 관해 설명하는 모습을 보게 되었다.

물론 후배 교사는 당연한 의무여서 기계적으로 설명하였지만, 과연 그 할머니에게 학교폭력 조치 8단계가 무슨 의미를 가질 수 있을지 생각해 볼 부분이다.

이러한 기계적 상담과 전달은 아무런 의미를 가지지 못한다고 말하고 싶은 것이다.

만약 필자가 후배 교사의 입장에 처한다면 이처럼 말하며 행동할 것이다.

두 손을 잡고 "너무 걱정하지 마세요, 예전과 달리 책임을 질 수도 있지만, 진심으로 사과하고 화해하면 별 무리 없이 해결되는 경우도 많아요."

모순되는 말이지만 냉정한 심판자이자, 뜨거운 가슴의 소유자가 되어야 한다.

エピローグ

에필로그

학생과 교사의 만나지 않는 평행선이
무수히 많은 교점을 가지기 위해

저는 현재의 학생과 교사의 관계를 '평행선'이라고 표현하고 싶습니다.

선생님들께서 수업 시간 일부를 빌려 생활지도를 하실 때마다 학생들은 "일장 연설 시작이다. 연설 끝나면 깨워라."라고 말하거나, 교칙을 특별히 강조하는(화장 금지나 체육복/교복 필수 착용) 선생님 시간에만 화장을 지우고, 사복을 체육복 또는 교복으로 갈아입습니다.

선생님들께서도 아이들이 지시에 따라주지 않으니 결국에는 생활지도를 포기하시거나, 아이들에게 화를 내는 일이 잦아지십니다.

평행선은 아무리 연장해도 교점이 생기지 않습니다. 다만, 하나 희망적인 사실은, 평행선은 이동을 통해 완전히 같은 선이 되어 교점이 무수히 많아질 수 있다는 것입니다. 저는 평행선의 '이동'을 위해 학생들의 인식 개선 및 모든 교사의 일관적 생활지도가 필요하다고 생각합니다. '학생부 선생님들과 단어는 대부분 학생에게 '피해야 할 대상'으로 인식됩니다.

학년이 바뀌면 학생들은 올해 학생주임 선생님이 누구신지, 교칙을 엄격하게 적용하시는지가 큰 관심사이고, 등굣길에 학생부 선생님들께서 말이라도 건네시면 화들짝 놀라기 일쑤입니다. 또한, 생활지도 교육이 이루어질 때도 "저는 나쁜 짓 안 했는데요."와 같은 반응이 이에 학생부 선생님들이 무섭기만 한 선생님이 아닌, 학생들을 올바르게 이끌어 주기 위해 꼭 필요한 역할을 하고 계심을 인지시켜 주는 것이 중요하다고 느꼈습니다.

더불어, 저는 선생님들께 생활지도를 하실 때 일관적 태도를 보이셨으면 좋겠다는 바람도 있습니다. 책에서도 '학생이 차별받지 않는다고 느끼는 것이 중요하다.'라는 것을 강조하였는데, 저 또한 이 부분이 굉장히 중요하다는 생각이 들었고, 학생생활지도를 일부 선생님들만 하시는 것이 아닌, 학교에 있는 모든 선생님께서 참여해 주시는 것도 정말 중요하다고 생각했습니다.

'사회의 축소판'이라고 불리는 학교에서 나는 학습과 관련한 그것뿐만 아니라 친구들과 선생님들과의 상호작용을 통해 가정에서는 학습하지 못한 것들을 많이 배웠고, 현재도 배우고 있다고 생각합니다. 학생들을 올바른 사회 구성원으로 만들기 위해 오늘도 학생들의 동반자가 되어 주시는 선생님들께 감사드린다는 말씀을 끝으로 글을 마무리하고 싶습니다.

– 봉곡중학교 3학년 이서연

좁혀지지 않는 모래시계,
소통으로 좁혀지기를 바라보며

저는 선생님께서 직접 '학생 생활 지도'를 주제로 쓰신 이 책을 읽으며 요즘 사회문제로 대두되고 있는 교권 추락으로 인한 교사의 자살, 학교폭력, 학부모의 민원과 관련해 깊이 생각해 볼 수 있는 기회가 되었기에 이 글을 쓰게 되었습니다.

저는 학교에서 선생님과 학생, 학부모의 갈등에 관한 뉴스가 계속 보도되고, 이것이 이슈화되면서 교권, 학교폭력 등에 관해 관심이 생기기 시작했습니다. 그리고, 이 책을 읽어 내려가면서 최근 발생하고 있는 비극적인 일들이 비단 학생과 교사만의 문제만이 아닌 학생과 교사, 학부모 등 많은 사람이 관계가 얽혀 있는, 아주 복잡한 일임을 깨닫게 되었습니다.

학교에서 대부분 시간을 보내는 학생의 한 부모로서 요즘의 학교 현장을 '모래시계'라는 단어로 표현하고 싶습니다.

각자가 타인의 입장을 존중하지 않으니, 시간이 지나도 균형이 마쳐지지 않고 타협점이 생기지 않는 것 같습니다. 이로 인한 불신과 무기력으로 점철된 학교를 보면 항상 안타까운 마음이 듭니다. 선생님께서는 책에서 '상식과 사회적 합의'를 벗어나는 몇몇 학부모의 이해하기 어려운 악성 민원을 소개해 주셨는데, 이러한 문제의 근본적 원인은 '소통의 부재'라는 생각이 듭니다. 과거에는 교사의 일방적 지시나 강압으로 많은 일이 이루어졌기에 소통의 여지가 없어 이와 같은 문제들이 발생할 이유가 없었을 것입니다. 다만, 지금은 서로 소통의 여지는 생겼지만, 그 소통의 방법이 잘못되었기에, 문제들이 발생하게 되었다고 생각합니다.

저는 모래시계의 균형을 위해 정말 당연하고 기본적이지만, '소통'을 강조하고 싶습니다. 책의 초반부에서 생활지도 업무에서는 학생, 동료 교사, 관리자와의 '신뢰'가 중요하다고 언급하셨는데, 신뢰는 역지사지의 태도를 바탕으로 한 소통과 이해, 상대방을 배려하고 존중하려는 마음에서 시작되는 것으로 생각합니다. '내가 저 아이의 부모라면', '내가 저 친구였다면', '내가 교사라면'과 같은 태도로 서로의 입장을 공감하며 자신의 입장을 전달하는 것과 자신의 득실만 생각하며 공격적인 말과 행동을 하는 것은 분명히 문제 발생의 빈도와 문제의 해결에 큰 차이가 있을 것입니다. 학교에서 오늘도 학생을 비롯한 많은 사람과 소통하며 동반자가 되어 주시는 모든 선생님과 이 글을 쓸 수 있도록 좋은 기회를 주신 김상범 선생님께 감사드린다는 말씀을 끝으로 글을 마무리하겠습니다.

– 학부모 유정원

부록
법률 용어와 규정

학생생활지도 - 학교의 장과 교원이 교육활동 과정에서 학생의 일상적
인 생활 전반에 관여하는 일체의 지도 행위를 말한다.

(교육부 고시 제2023-28호 교원의 학생생활지도에 관한 고시 제2조 4항)

부록

시기	운영 내용
3월 ~ 4월	– 학생안전부 연간 운영 계획 수립(3월 중) – 학교폭력 예방교육(1시간) – 아동 폭력 및 사이버 폭력 예방(1시간) – 성폭력 예방 교육(1시간) – 폭력 예방 및 신변안전교육(가정폭력과 연계) 1시간 – 교통안전교육(1시간) – **기타 특별 교육 프로그램 운영(가변적)** – 학교폭력 예방을 위한 1교 1브랜드 운동(친구사랑주간 운영) – 학교 자치순찰대(School Patrol) 운영(봉사활동 인정) – 민주적 학생 자치활동을 통한 폭력 예방 활동(학생부) – 기초 생활 습관 지도를 통한 학교폭력 예방 활동 전개
5월 ~ 7월	– 아동학대 신고자 의무교육(1시간) – 재난 대응 안전 한국훈련(1시간) – 학교폭력 예방설문지조사(25분) – 학교폭력 예방 교사 연수회(1시간) – 지진 대비 대피 훈련 및 소방안전교육(1시간) – 언어문화개선주간 운영: ○○반 주관(1주일) – 약물 오남용 및 도박 금지 교육(1시간) – 학교폭력 실태조사(25분) – 친구사랑주간운영: 어울림 프로그램(1주일) – 여름철 물놀이 및 안전 사교 예방 교육(25분)

생활지도 연간계획 상반기

생활지도 연간계획 하반기

시기	운영 내용
8월 – 10월	− 요선도 학생들의 토요일 방과 후 활동(예체능 프로그램) 참여 권장 − 공감과 협력을 위한 학교스포츠클럽 운영 − 학교폭력예방교육:가정폭력 예방 포함(1시간) − 야영 시 교통안전교육 (자율활동−1시간, 1학년) − 현장 체험학습(수학여행) 교통안전교육(자율활동−1시간, 2학년) − 언어문화개선주간 운영(1주일) − ○○ 경찰서 협조 학교폭력 예방교육(1시간)
11월 – 12월	− 학교폭력 실태조사(25분) − 겨울철 해빙기 안전 교육(25분) − 약물 오남용 및 도박 금지 교육(1시간) − 폭력예방 및 신변안전(가정폭력과 연계) 1시간 − 여름철 물놀이 및 안전 사고 예방 교육(25분)
1월 – 2월	− 생활안전 교육 (자율활동−1시간, 3학년)

부록

관련법률 및 시행령

학교폭력예방법 제16조(피해학생의 보호)

① 심의위원회는 피해학생의 보호를 위하여 필요하다고 인정하는 때에는 피해학생에 대하여 다음 각 호의 어느 하나에 해당하는 조치(수 개의 조치를 동시에 부과하는 경우를 포함한다)를 할 것을 교육장(교육장이 없는 경우 제12조제1항에 따라 조례로 정한 기관의 장으로 한다. 이하 같다)에게 요청할 수 있다. 다만, 학교의 장은 학교폭력사건을 인지한 경우 피해학생의 반대의사 등 대통령령으로 정하는 특별한 사정이 없으면 지체 없이 가해자(교사를 포함한다)와 피해학생을 분리하여야 하며, 피해학생이 긴급보호를 요청하는 경우에는 제1호, 제2호 및 제6호의 조치를 할 수 있다. 이 경우 학교의 장은 심의위원회에 즉시 보고하여야 한다.

학교폭력예방법 제17조(가해학생에 대한 조치)

④ 학교의 장은 가해학생에 대한 선도가 긴급하다고 인정할 경우 우선 제1항제1호부터 제3호까지, 제5호 및 제6호의 조치를 할 수 있으며, 제5호와 제6호의 조치는 동시에 부과할 수 있다. 이 경우 심의위원회에 즉시 보고하여 추인을 받아야 한다.

⑦ 학교의 장이 제4항에 따른 조치를 한 때에는 가해학생과 그 보호자에게 이를 통지하여야 하며, 가해학생이 이를 거부하거나 회피하는 때에는 학교의 장은 「초·중등교육법」 제18조에 따라 징계하여야 한다.

학교폭력예방법 시행령 제21조(가해학생에 대한 우선 출석정지 등)

① 법 제17조제4항에 따라 학교의 장이 출석정지 조치를 할 수 있는 경우는 다음 각 호와 같다.

1. 2명 이상의 학생이 고의적·지속적으로 폭력을 행사한 경우
2. 학교폭력을 행사하여 전치 2주 이상의 상해를 입힌 경우
3. 학교폭력에 대한 신고, 진술, 자료제공 등에 대한 보복을 목적으로 폭력을 행사한 경우
4. 학교의 장이 피해학생을 가해학생으로부터 긴급하게 보호할 필요가 있다고 판단하는 경우

② 학교의 장은 제1항에 따라 출석정지 조치를 하려는 경우에는 해당 학생 또는 보호자의 의견을 들어야 한다. 다만, 학교의 장이 해당 학생 또는 보호자의 의견을 들으려 하였으나 이에 따르지 아니한 경우에는 그러하지 아니하다.

긴급조치 적용 세부 기준

- 긴급조치 결정권자 : 학교의 장

- 긴급조치 사유 : 학교장은 가해학생에 대한 선도가 긴급하다고 인정할 경우 학교장 자체해결 혹은 심의위원회 개최 요청 전에 우선 제1호부터 제3호까지 제5호 및 제6호의 조치를 할 수 있으며, 제5호와 제6호는 동시에 부과할 수 있다.

  ※ 다만, 학교장은 심의위원회 운영 상황을 고려하여 심의위원회 개최 요청 이후라도 동 위원회의 조치 결정 전까지 긴급조치를 할 수 있음.

  ※ 부과 가능 조치: 제1호, 제2호, 제3호, 제5호, 제6호, 제5호+제6호

- 긴급조치 범위
  - 피해학생에 대한 서면사과(제1호)
  - 피해학생 및 신고·고발 학생에 대한 접촉, 협박 및 보복행위의 금지(제2호)
  - 학교에서의 봉사(제3호)
  - 학내외 전문가에 의한 특별교육이수 또는 심리치료(제5호)
  - 출석정지(제6호)

- 학교장이 우선 출석정지를 할 수 있는 사안은 2명 이상이 고의적·지속적으로 폭력을 행사한 경우, 전치 2주 이상의 상해를 입힌 경우, 신고, 진술, 자료제공 등에 대한 보복을 목적으로 폭력을 행사한 경우, 학교장이 피해학생을 가해 학생으로부터 긴급하게 보호할 필요가 있다고 판단하는 경우이다(시행령 제21조).

  ※ 학교장이 우선 출석정지 조치를 하려는 경우에는 해당 학생 또는 보호자의 의견을 들어야 함. 다만, 학교장이 해당 학생 또는 보호자의 의견을 들으려 하였으나 이에 따르지 아니한 경우에는 그러하지 아니함(시행령 제21조제2항).

- 가해학생에 대한 긴급조치는 심의위원회에 즉시 보고하고 추인을 받아야 한다.
  - 긴급조치의 경우 사실관계가 확정되기 이전의 결정사항이므로, 심의위원회에서는 '일부추인' 또는 '추인하지 않음' 결정이 가능하다. 다만, '일부추인', '추인하지 않음'을 결정하였더라도 긴급조치를 결정할 당시에 그 필요성이 인정된 다면 '긴급조치'가 문제되지 않는다.
  - 긴급조치로 '출석정지'를 내렸으나 심의위원회에서 추인하지 않은 경우, 기타 부득이한 사유로 학교장의 허가를 받아 결석하는 경우로 보아 출석으로 인정할 수 있다.
  - 가해학생 긴급선도 조치에 대해 심의위원회가 추인하는 경우 심의위원회의 조치가 되므로 학교생활기록부에 조치 사항을 기재해야 한다.

- 가해학생 긴급조치로 출석정지를 한 후에 학교장이 사안을 자체해결한 경우, 학교장은 긴급조치를 직권으로 취소하 고 긴급조치로 인한 결석 기간을 기타 부득이한 사유로 학교장의 허가를 받아 결석하는 경우로 보아 결석 기간을 출석 기간으로 인정할 수 있다.

- 학교장이 긴급조치를 한(내부 결재 시행) 때에는 가해학생과 그 보호자에게 이를 통지하여야 하며, 가해학생이 이를 거부하거나 회피하는 때에는 「초·중등교육법」 제18조에 따라 징계하여야 한다.

부록

생활지도 전반 매뉴얼 1

주체	시기	대상	범위
학교의 장	교육 활동 중	학생	학업 및 진로
교원	생활지도		보건 및 안전
			인성 및 대인관계
			그 밖의 분야

방법	방식
조언	문제인식시 언제든지 조언 가능, 권고
상담	상담예약 및 사전협의, 상담거부 및 중단 가능
주의	학교안전 및 질서유지 저해 우려시 주의
훈육	지시, 제지(물리적 제지 포함), 분리, 물품조사 및 분리보관
훈계	과제부여(대안행동, 성찰문, 원상복구)
보상	칭찬, 상 등

생활지도 전반 매뉴얼 2

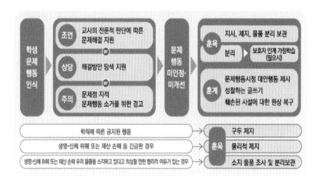

부록

학부모의 교육활동 침해에 관한 법령

학부모의 교육활동 침해에 관한 관련 법령

▶ 「교원지위법」, (2023.9.27. 개정·공포 예정)

제19조(교육활동 침해행위)

이 법에서 "교육활동 침해행위"란 고등학교 이하 각급학교에 소속된 학생 또는 그 보호자(친권자, 후견인 및 그 밖에 법률에 따라 학생을 부양할 의무가 있는 자를 말한다. 이하 같다) 등이 교육활동 중인 교원에 대하여 다음 각 호의 어느 하나에 해당하는 행위를 하는 것을 말한다.

〈생략〉

　2. 교원의 교육활동을 부당하게 간섭하거나 제한하는 행위로서 다음 각 목의 어느 하나에 해당하는 행위

　　가. 목적이 정당하지 아니한 민원을 반복적으로 제기하는 행위

　　나. 교원의 법적 의무가 아닌 일을 지속적으로 강요하는 행위

　　다. 그 밖에 교육부장관이 정하여 고시하는 행위

제26조(교육활동 침해 보호자 등에 대한 조치)

① 고등학교 이하 각급학교의 장은 소속 학생의 보호자 등이 교육활동 침해행위를 한 사실을 알게 된 경우에는 지역교권보호위원회에 알려야 한다.

② 지역교권보호위원회는 제1항에 따라 교육활동 침해행위를 한 보호자 등에 대하여 다음 각 호의 어느 하나에 해당하는 조치를 할 것을 교육장에게 요청할 수 있다.

　1. 서면사과 및 재발방지 서약

　2. 교육감이 정하는 기관에서의 특별교육 이수 또는 심리치료

③ 지역교권보호위원회는 제2항 각 호의 어느 하나에 해당하는 조치를 교육장에게 요청하기 전에 해당 보호자 등에게 의견을 진술할 기회를 주는 등 적정한 절차를 거쳐야 한다.

④ 교육장은 제3항에 따른 요청을 받은 날부터 14일 이내에 해당 조치를 하여야 한다.

제35조(과태료)

① 정당한 사유 없이 제25조제5항 또는 제26조제2항제2호에 따른 특별교육을 받지 아니하거나 심리치료에 참여하지 아니한 보호자 등에게는 300만원 이하의 과태료를 부과한다.

▶ 「교육활동 침해 행위 및 조치 기준에 관한 고시」

제2조(교원의 교육활동 침해 행위)

교원의 교육활동(원격수업을 포함한다)을 부당하게 간섭하거나 제한하는 행위는 다음 각 호와 같다.

〈생략〉

　4. 교원의 정당한 생활지도에 불응하여 의도적으로 교육활동을 방해하는 행위

〈생략〉

교육 주체의 권한과 책임

구분	권한·권리	책임
학생의 권리와 책임	• 학생생활지도에 관한 학칙의 제·개정과 지도 방침 수립에 참여할 수 있다. • 안전하고 학습에 도움이 되는 자유로운 환경에서 교육받을 수 있다. • 학생은 폭력, 위험으로부터 보호받을 수 있으며 교육의 과정에서 인격체로서 존중받는다. • 학생은 부당한 생활지도를 받았다고 생각하는 경우에는 학교장에게 이의를 제기할 수 있다.	• 학칙을 준수하고, 학교장 및 교원의 정당한 학생 생활지도를 존중 수용하고 따라야 한다. • 다른 학생의 인권과 학습권을 존중하고 보호해야 한다. • 다른 학생이나 교직원을 존중해야 하며, 비하하거나 해치거나, 괴롭히지 않아야 한다. • 매일 학교에 출석하고 수업을 준비하고, 수업과 숙제에 최선을 다해야 한다. • 학교폭력 예방을 위해 노력해야 하며, 학교폭력에 대한 책임을 져야 한다.
보호자의 권리와 책임	• 학생생활지도에 관한 학칙의 제·개정과 지도 방침 수립에 참여할 수 있다. • 자녀의 행동발달 상황 등 학생생활지도에 대한 정보를 제공받고 상담을 요구할 수 있다. • 자녀가 학교에서 안전하게 존중받으며 교육받을 수 있기를 요구할 수 있다. • 자녀가 부당한 생활지도를 받았다고 생각하는 경우에는 학교장에게 이의를 제기할 수 있다.	• 보호자는 학생이 학교교육에 성실히 참여하고, 학교의 장과 교원의 정당한 생활지도에 따르고, 학칙과 교원의 지도 방침을 준수하도록 지도하여야 한다. • 보호자는 학칙으로 정한 학생생활지도에 관한 사항을 이해하고 동의한 확인서를 학교장에게 제출해야 한다. • 보호자는 학교의 교육적 역할과 교직원을 존중하고 그 권리를 침해하지 않아야 한다. • 학교장 및 교원이 학생생활지도를 위해 상담 등을 요청하는 경우, 성실히 참여하여야 한다.
학교의 장 및 교원의 권한과 책임	• 법적 권한으로 학생 생활지도를 할 권한이 있다. • 교육활동 중 타인을 괴롭히고 또는 해를 가하거나 비하하는 학생 및 학부모에 대해 단호한 조치를 취할 수 있으며 경찰 등 외부지원을 받을 수 있는 권한이 있다. • 학생생활지도를 벗어난 학칙위반 행위 등에 대하여 학생을 징계할 권한이 있다.	• 학생생활지도에 관한 학칙과 지도방침 등을 명확하게 수립하고 학생 및 학부모가 인식 하도록 노력하여야 한다. • 교직원이 학생생활지도의 권한 범위를 명확히 인지하고, 학생생활지도 전략에 필요한 전문교육을 받을 수 있도록 해야 한다. • 학교는 학생생활지도에 대한 학생 및 학부모의 합리적인 이의제기에 대응하여야 한다.

학교폭력 사안 처리(학교폭력)

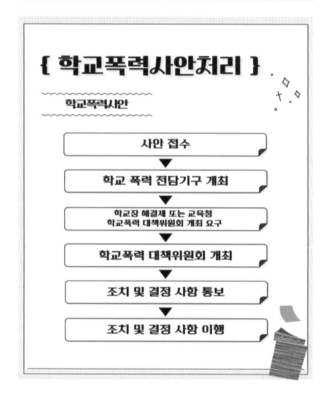

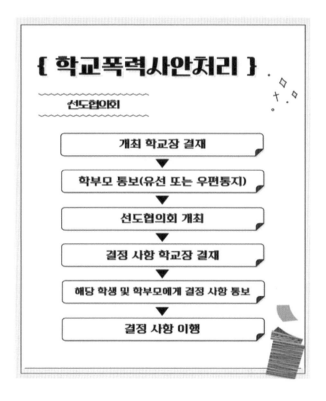

부록

학교폭력 사안 처리

초기대응	사안조사	전담기구심의	심의위원회 조치결정	조치이행

▶ **감지·인지노력**
• 징후 활약
• 실태조사, 상담, 순찰

▶ **신고접수**
• 신고접수·대장기록
• 학교장 보고
• 가해자·피해학생 분리
• 보호자, 해당학교 통보

▶ **초기 개입**
• 관련학생 안전조치
• 보호자 연락
• 폭력유형별 초기대응

▶ **긴급조치(필요시)**
• 피해학생 보호
• 가해학생 선도

▶ **사안조사**
• 관련학생 조사
• 보호자 인당
• 사안보고

▶ **학교장 자체해결 요건 충족 여부 심의**

▶ **피해학생 측의 심의위원회 개최 요구 의사 서면 확인**　**X**

　O

학교의장의 자체해결

▶ **심의위원회 심의의결**
• 심의위원회 개최
• 조치 심의및 의결
• 분쟁조정

▶ **교육장 조치결정**
• 학교장 통보
• 피,가해학생 서면통보

▶ **조치이행**
• 피해학생 보호조치
• 가해학생 선도조치

▶ **가해학생조치 사항 생기부 기재**

▶ **가해학생 보호자 특별교육**

조치불복
행정심판, 행정소송

학부모 상담 시 유의 사항

1. 학폭관련 통화시 대다수의 부모님들은 녹취할 가능성이 있다는 전제하에 통화하시면 됩니다.

2. 사안 전달시 무죄추정의 원칙에 의거 "가해자"라는 단어를 사용하시면 안됩니다. 관련학생이라고 표현하셔야 합니다. 나중에 학교 측에서 이미 확정한 상태에서 일을 진행했다고 민원을 제기하는 경우가 있습니다.

3. 학교폭력 관련자들의 경우 정보통신법에 의거 상대방의 연락처를 공개할 수 없습니다. 이 경우 피해자의 의견을 청취한 이후에 진행하시면 됩니다.

4. 학부모들의 징계 수위를 물어보는 경우 절대 예측을 해주시면 안됩니다. 나중에 불리하면 절차상의 하자를 이유로 학교 측을 상대로 가장 많이 민원을 제기합니다.

5. 교사 측에서 먼저 화해, 쉽게 가자 등을 사용하시면 안됩니다. 역시 선의로 한 행위지만 불리해지면 학교 측에 책임을 떠넘기는 경우가 발생합니다.

법률 용어와 규정

소년보호 사건(출처: 법무부 범죄정책예방국)

- 범죄소년: 14세 이상 19세 미만의 죄를 범한 소년 중 벌금형 이하 또는 보호처분 대상 소년
- 촉법소년: 형벌법령에 저촉되는 행위를 한 10세 이상 14세 미만의 소년
- 우범소년: 그 성격 또는 환경에 비추어 형벌법령에 저촉되는 행위를 할 우려가 있는 10세 이상 19세 미만의 소년 중 집단으로 몰려다니며 주위에 불안감을 조성하는 성벽이 있거나, 정당한 이유 없이 가출하거나, 술을 마시고 소란을 피우거나 유해환경에 접하는 성벽이 있는 소년

우범소년 송치

- 경찰: 우범소년은 경찰에서 선도하거나 직접 관할법원 소년부에 직접 송치를 해 법원으로부터 보호처분을 구하는 제도

학교장 통고제

- 교내 폭력 따위의 비행이 적발될 시에 수사기관을 거치지 않고 학교장이 바로 법원 소년부에 해당 사안을 통고하면 법원이 개입하여 수사 기록이 남지 않도록 관련 학생들을 선도하는 등 문제를 해결하는 제도

보호처분(소년법 제32조, 출처: 국가법령정보센터)

1. 보호자 또는 보호자를 대신하여 소년을 보호할 수 있는 자에게 감호 위탁

2. 수강명령

3. 사회봉사명령

4. 보호관찰관의 단기 보호관찰

5. 보호관찰관의 장기 보호관찰

6. 「아동복지법」에 따른 아동복지시설이나 그 밖의 소년 보호시설에 감호 위탁

7. 병원, 요양소 또는 「보호소년 등의 처우에 관한 법률」에 따른 의료재활소년원에 위탁

8. 1개월 이내의 소년원 송치

9. 단기 소년원 송치

10. 장기 소년원 송치

보호관찰(출처: 법무부 범죄정책예방국)

– 비행 또는 죄를 저지른 소년을 교도소, 소년원 등 수용시설에 구금하지 않고 가정과 학교, 직장에서 정상적인 생활을 하도록 하되, 보호관찰관의 지도 · 감독을 통해 준수사항을 지키도록 하고 사회봉사명령이나 수강명령을 통해 범죄성을 개선하는 선진 형사정책

법률 용어와 규정

- 제3조(가정의 역할과 책임) ① 청소년에 대하여 친권을 행사하는 사람 또는 친권자를 대신하여 청소년을 보호하는 사람(이하 "친권자 등"이라 한다)은 청소년이 청소년 유해환경에 접촉하거나 출입하지 못하도록 필요한 노력을 하여야 하며, 청소년이 유해한 매체물 또는 유해한 약물 등을 이용하고 있거나 유해한 업소에 출입하려고 하면 즉시 제지하여야 한다.
- 제16조(판매 금지 등) ① 청소년유해매체물로서 대통령령으로 정하는 매체물을 판매 · 대여 · 배포하거나 시청 · 관람 · 이용하도록 제공하려는 자는 그 상대방의 나이 및 본인 여부를 확인하여야 하고, 청소년에게 판매 · 대여 · 배포하거나 시청 · 관람 · 이용하도록 제공하여서는 아니 된다.

- 제8조의2(13세 이상 16세 미만 아동 · 청소년에 대한 간음 등) ① 19세 이상의 사람이 13세 이상 16세 미만인 아동 · 청소년의 궁박(窮迫)한 상태를 이용하여 해당 아동 · 청소년을 간음하거나 해당 아동 · 청소년으로 하여금 다른 사람을 간음하게 하는 경우에는 3년 이상의 유기징역에 처한다.

- 제136조(공무집행방해) ①직무를 집행하는 공무원에 대하여 폭행 또는 협박한 자는 5년 이하의 징역 또는 1천만 원 이하의 벌금에 처한다.

- 제307조(명예훼손) ①공연히 사실을 적시하여 사람의 명예를 훼손한 자는 2년 이하의 징역이나 금고 또는 500만 원 이하의 벌금에 처한다. ②공연히 허위의 사실을 적시하여 사람의 명예를 훼손한 자는 5년 이하의 징역, 10년 이하의 자격정지 또는 1천만 원 이하의 벌금에 처한다.

- 제311조(모욕) 공연히 사람을 모욕한 자는 1년 이하의 징역이나 금고 또는 200만 원 이하의 벌금에 처한다.

- 제324조(강요) ①폭행 또는 협박으로 사람의 권리행사를 방해하거나 의무 없는 일을 하게 한 자는 5년 이하의 징역 또는 3천만 원 이하의 벌금에 처한다.

- 제331조(특수절도) ① 야간에 문이나 담 그 밖의 건조물의 일부를 손괴하고 제330조의 장소에 침입하여 타인의 재물을 절취한 자는 1년 이상 10년 이하의 징역에 처한다. ② 흉기를 휴대하거나 2명 이상이 합동하여 타인의 재물을 절취한 자도 제1항의 형에 처한다.

- 제360조(점유이탈물횡령) ①유실물, 표류물 또는 타인의 점유를 이탈한 재물을 횡령한 자는 1년 이하의 징역이나 300만 원 이하의 벌금 또는 과료에 처한다.